草地仁醫

陳文德

張麗雲 著

右圖：一九六一年初，二十二歲尚就讀高一的陳文德和小學同學楊雪結為連理。

左圖：一九七一年，陳文德從臺北醫學院畢業。

下圖：陳文德的醫學院畢業旅行，帶大兒子和大女兒同遊溪頭。大兒子榮祥（左二）第一次吃到蛋糕，是畢生難忘的甜蜜記憶。

50 Abruptio Placentae

Ⅰ. **Definition** (定義)：Premature separation of normal inplanted placenta，即 fetus 未生下前 placenta 先 separation. placenta previa 亦為一種 abruptio placentae 但不同處為其 placenta 所佔之位不同而已。即其 placenta 在 internal os 上 5cm，之 normal 位而生 premature (previa) separation.

Ⅱ. **Frequeucy** (發生率)：0.1～0.2% 10×multipara > primpara.

Ⅲ. **Etiology** (病因)：

(A) toxemia (毒血症)：70%以上者為toxemia引起者，其死亡率高。。

mechanism 未明，可能是 ut. 與 placenta 之血管的 degeneration 後引起 bleeding 然後再造成 placenta separation from ut. wall.

(B) trauma (外傷)：約佔 20～30%。

如 blow kick of abdomen，coitus，severe cough，双胞胎生下來頭一個後，第二個未生下以前等均會引起。而 Internal & external 廻轉 (胎位旋轉)，bougie (探條) 碰到 palcenta 時亦會引起。如果是 extraction of umbilical 或 cord 羊水過多則破水後亦多會引起secondary abruptio placenta，但其prognosis 較好。

Ⅴ. **Pathology** (病理)：

(1) concealed hemorrhage: only internal bleeding & distend of ut. wall toward the abdominal wall，ut. 可變為 purplish. 有時 bleeding可進入 ligamentum latum，parametrium adonexia 等而為嚴重之內出血。子宮手術時常見 ut. 有一種 couvelaire uterus，之變化此即為子宮胎盤溢血 (apoplexie utero-placentaire)。此 ut. 之外觀有如 ovarian cyst. 或 pedicle twist 所發生之 ovarian bleeding. ~~即內外皆有出血也~~。這種子宮產後生常生 atonic bleeding，其ut. finding 大部份即 muscles degeneration& infiltration with blood& various size of petechia. 在手術時皆可見到。在但 plaenta side 上更明顯。即 ut. 在 placenta side 較 thick，而fetal side 則較 thin.

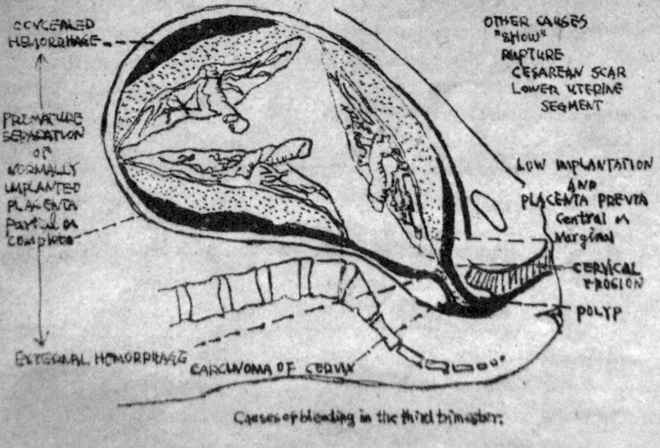

Causes of bleeding in the third trimester.

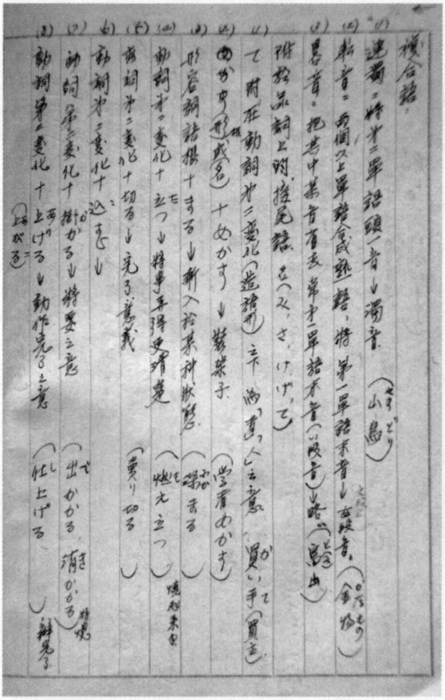

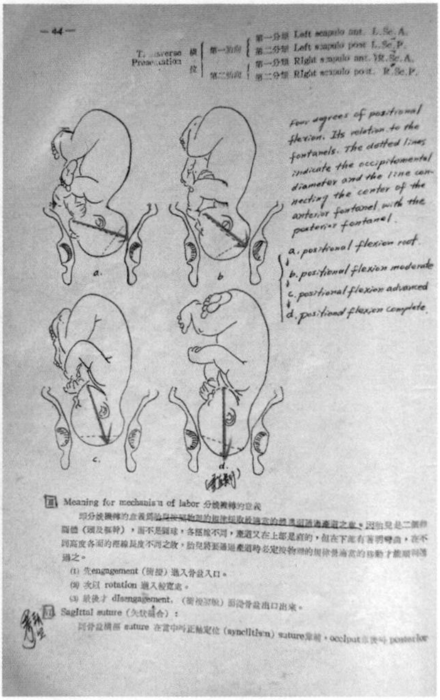

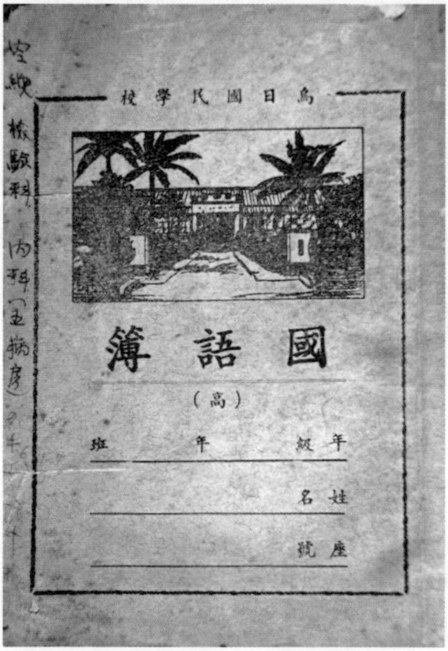

右、上右圖：陳文德看過的書，字裏行間做註記，作為行醫問診的參考。

上左圖：陳文德行醫之餘，閒暇投入做研究，甚至自修日文。

左圖：惜福愛物又惜情的陳文德，將小學時代的國語簿作為馬偕醫院行醫的筆記本。

（攝影／施龍文）

上圖：陳文德常配合慈警志工團隊為勤工派出所的員警義診，指導養生保健之道。（攝影／吳啟志）

下圖：每學期一次的獎助學金頒發，陳文德不只贈書，還鼓勵臺中一中學生認真勤讀，回饋社會。（攝影／王秀吟）

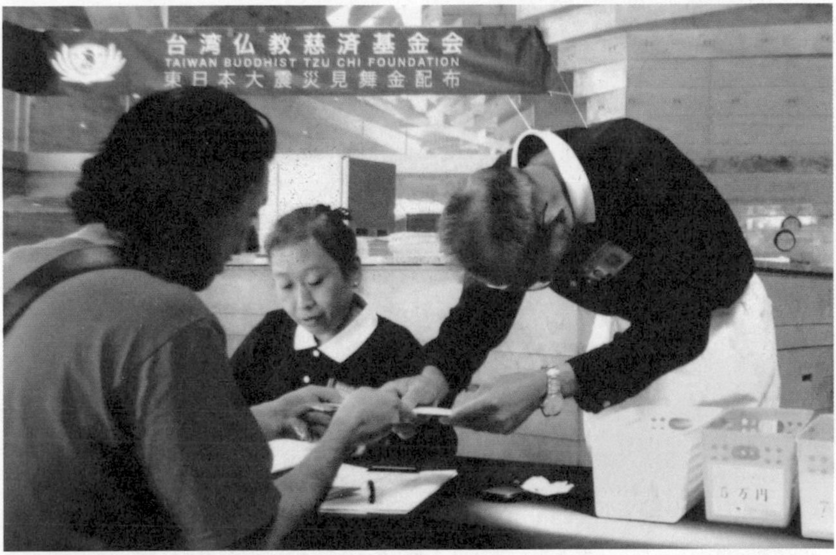

上圖：日本三一一大海嘯，陳文德參與義診也協助發放御見舞金。（攝影／施龍文）

下圖：每當臺中靜思堂有大型活動時，陳文德是醫務室不缺席的值班醫師。（攝影／吳啟志）

上圖：四川洛水義診醫師團，左起劉安隆藥師、竹山秀傳醫院謝輝龍院長、洪啟芬醫師、陳文德醫師、紀邦杰醫師。

（攝影／施龍文）

下圖：在洛水，陳文德細心地望聞問切，對症施藥。遇到罹患乳癌已潰爛的婦人（圖中），無法進一步醫治，甚感遺憾。

（攝影／施龍文）

上圖：四川洛水小志工陪同往診，陳文德關懷身心皆苦的鄉親。（攝影／施龍文）

下圖：陳文德往診時，四川洛水小志工（著背心）以三輪車載運醫藥，發揮很大功能。（攝影／施龍文）

上圖：每當花蓮慈濟舉辦營隊，陳文德（中）均不辭辛勞前往駐診，為學員服務。（攝影／陳榮豐）

下圖：陳文德（右三）回精舍義診時，巧遇曾一起出國賑災的志工。

上圖：陳文德（左一）、楊雪（右二）與大愛劇場《慈悲的滋味》飾演他們夫妻的男女主角合影。

下圖：陳文德夫婦與大愛劇場《慈悲的滋味》演員們合影。

（攝影／施龍文）

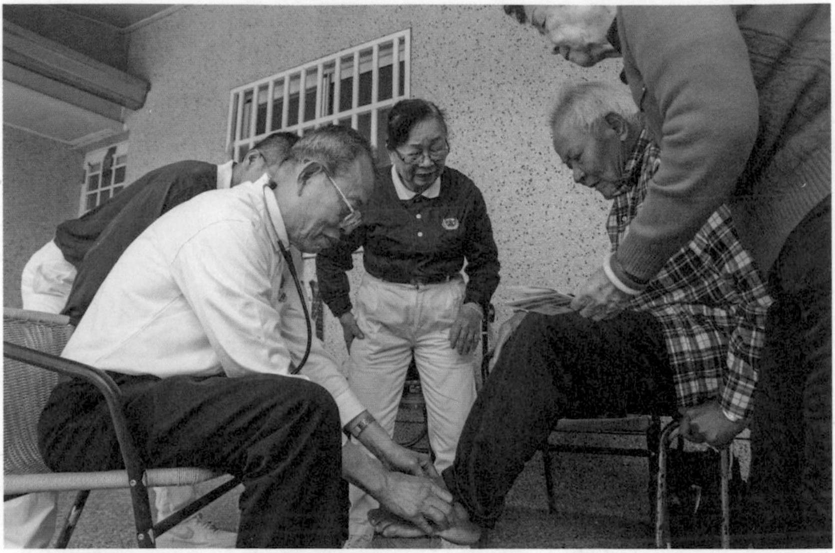

上圖：陳文德呵護偏鄉的阿公、阿嬤，比家人還親切、用心。
（攝影／陳群誠）

下圖：陳文德一邊幫患者找出痛點，一邊給予耳穴貼片治療。
（攝影／陳群誠）

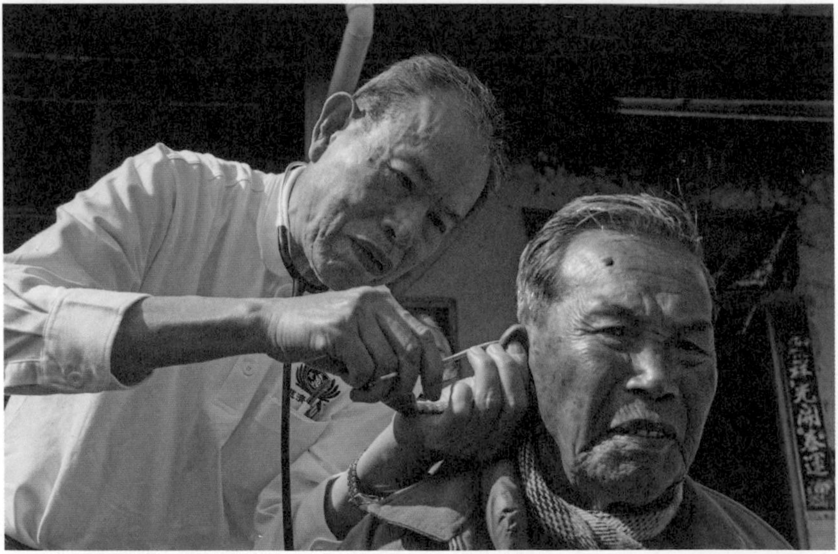

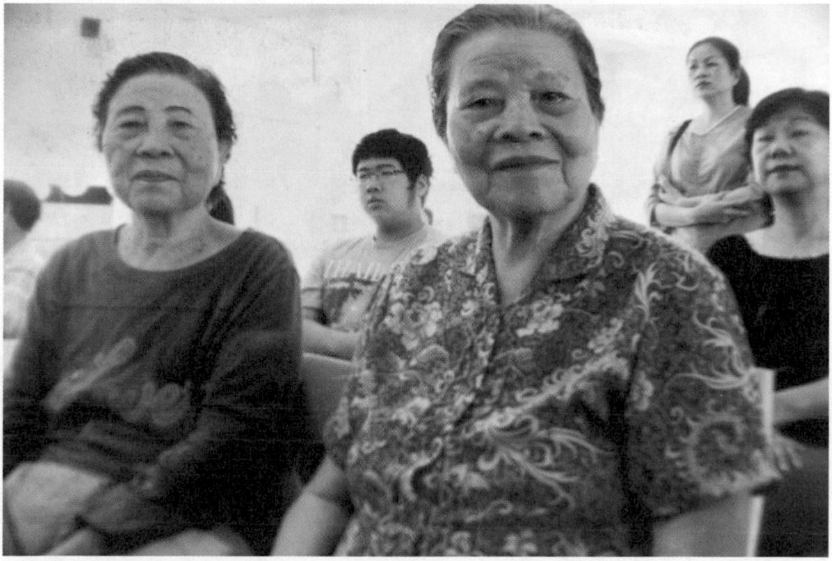

上圖：陳文德的母親張月（前）。

下圖：一九八四年，陳文德獲得事親至孝、良醫濟世、全國好人好事代表殊榮。（攝影／施龍文）

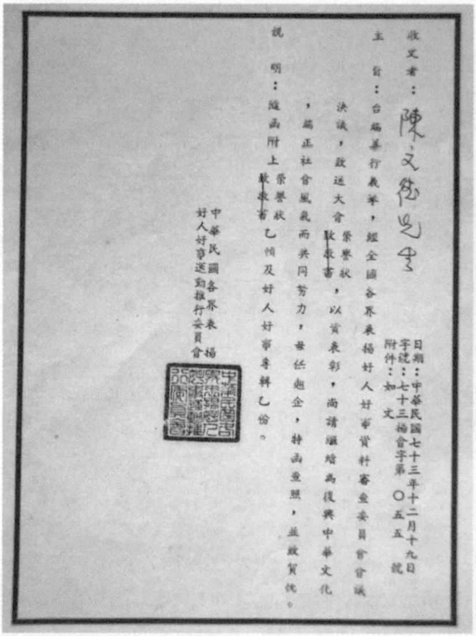

受文者：陳文德先生

日期：中華民國七十三年十二月十九日
字號：七十三揚會字第〇五五號
附件：如文

主旨：台端善行表率，經全國各界表揚好人好事資料審查委員會會議決議，致送大會榮譽狀，以資表彰，尚請繼續為復興中華文化，端正社會風氣而共同努力，毋任翹企，特函查照，並致賀忱。

說明：隨函附上榮譽狀乙幀及好人好事專輯乙份。

中華民國各界表揚好人好事運動推行委員會

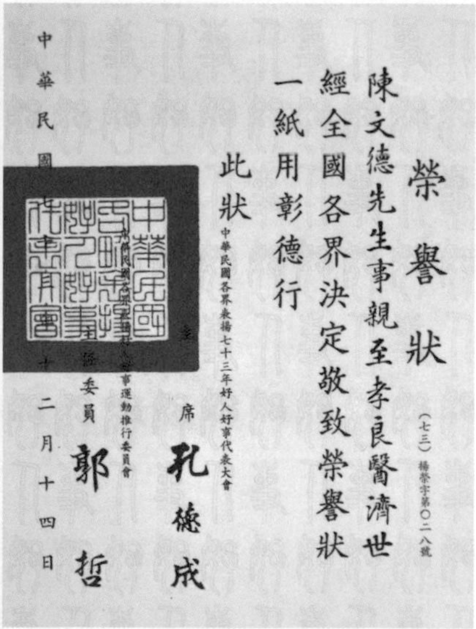

榮譽狀

（七三）揚榮字第〇二八號

陳文德先生事親至孝良醫濟世
經全國各界決定敬致榮譽狀
一紙用彰德行
此狀

中華民國各界表揚七十三年好人好事代表大會
主席 孔德成

中華民國各界表揚好人好事運動推行委員會
主任委員 郭哲

中華民國 十二月十四日

上圖：筏子溪底厝仔村福德正神廟，因為地勢高，一九四三年淹大水時，很多人逃至此避難。（攝影／張麗雲）

下圖：陳文德和楊雪回到小時候的溪底厝仔村舊地，回憶兒時情景。（攝影／張麗雲）

上圖：陳其昌（前右一）和張月（前右二）與二兒子張義朗、三兒子陳金水成、大媳婦楊雪、孫子等合影。

下圖：陳文德夫婦與自美國回鄉探親的兒子、媳婦、孫子們合影。

目錄

推薦序

草地醫師 最佳搭檔……紀邦杰 018
醫界的「怪老子」……張東祥 023
良善合一 草地仁醫……廖長州 027
積善之家有餘慶……陳 健 031
如兄如父仁者風範……朱金財 035
素養淳良世少有……李俊德 039
我敬愛的大哥……張義朗 044

作者序

以報恩的心落筆 051

一、大水來了……058
二、求學路遠……079
三、日耕夜讀……100
四、姻緣天定……116

五、決定重考 133
六、北部行醫 154
七、回鄉開診 178
八、阿嬤終老 200
九、圓願助人 212
十、耳穴療法 235
十一、怎能休息 259
十二、心中願景 282
附錄一・我的先生陳醫師 289
附錄二・話說爸爸 298
附錄三・良醫阿公 318
附錄四・阿伯的診所味 347

推薦序

草地醫師 最佳搭檔

慈濟中區人醫會召集人 **紀邦杰**

慈濟人醫會成立於一九九六年，當時中區人醫會未臻成熟，成員只有稀稀疏疏幾位，蔡爾貴醫師帶領我們幾位醫師，利用假日到嘉義縣大埔鄉、阿里山、南投縣仁愛鄉、信義鄉的部落義診。

九二一地震後，地質鬆垮，河川改道，道路柔腸寸斷，證嚴上人擔憂醫護人員的安危，指示山區的義診暫停。當我愁著如何帶動這些義務性付出的大醫王、白衣大士發揮專業時，收到苗栗地區訪視志工廖菊珍對苗栗偏鄉醫療欠缺的需求。

於是，二〇〇二年，中區人醫會的足跡走入苗栗汶水、南庄。也就在這個時候，烏日鄉陳文德醫師加入我們團隊。一開始，醫師不多，陳文德當年六十三歲了，看起來一點都不老。他很有善心，古道熱腸，態度和藹不憍慢，不會擺出高高在上的架子，使人易於親近。所以，苗栗地區義診開拓之初，我總是邀他同行。

我們從找場地、場勘，到每個月一次的入山義診，他和大家一大早七點從臺中出發，一路顛簸一個多小時的車程，走山路爬坡道，上坡下坡，時而日晒，時而雨淋，往往義診結束回到家已經下午三點多了，從沒聽他喊過累，月月、年年如是。

後來，我們的觸角延伸到苗栗大湖、卓蘭、臺中新社，他仍然夠義氣地相挺相扶，跟著團進團出。

陳醫師在烏日行醫將近五十年了。他的病患大多數是當地的鄉親，以老弱婦孺居多。他看診細心、親切，貼住患者的心，很多病人住得再遠都要來給「陳醫師」看病，一看到他這位老醫師，病就好了大半。

說他老，一點都不。每個農曆年，花蓮靜思精舍總會湧入大批的海內外慈濟人，向證嚴上人拜年。精舍常住師父從初一到初五不停地準備，烹調出菜色不一的素餚，供來訪的賓客享用，可見人潮之踴躍。

此時，我也會邀請中區的醫師、護理師回到精舍駐點義診。陳文德幾乎年年都與我們同進同出，早上四點多跟著做早課，接著是一整天的義診。他的醫術、醫德、敬業、親切的態度，在海內外慈濟人心目中留下深刻的印象。

尤其，每年在花蓮若有海外營隊，從工作人員進駐的第一天，到營隊結束圓緣的最後一天，陳醫師的服務一直都在。特別是他七十幾歲才重新學習研究的經絡耳穴療法，可紓緩工作人員、學員的疲累，讓他們在四、五天裏維持充沛的精神。

有一次在精舍，他向證嚴上人分享小時候貧困的農家生活環境，要跟著父親牽牛、種稻、拳草，因此學業中輟，學醫之路比一般學齡晚了好多年。證嚴上人每聽他分享這一段，總是微笑頷首地說，很感動、很欣慰有他這位「草地醫師」弟子。

我對於他在困苦的環境中，依然力爭上游、積極進取學習的態度，深感震撼。同樣歷經學醫的過程，我幼時家裏雖不甚富裕，父母總希望我儘管把書念好，其他事可不用管。行醫後，生活更是無憂無慮，閒暇之餘出外應酬、呼朋引伴打高爾夫球，直到加入慈濟，才真正全心投入義診。而陳醫師從小到大，到現在八十幾歲了，助人的熱情依然不減，還孜孜不倦地做研究，以中西醫療法，給予病患更好的治癒效果。

二〇一五年，我帶著榮董團隊送四國語言《靜思語》到我的母校——臺中一中，善心的陳醫師還建議我向校長提議發起獎助學金的善舉，幫助家庭貧困品行優良的學生。

如此拋磚引玉，善的循環不斷傳出後，贊助的人愈來愈多，受惠的學生也更多。期待讓這些受助的學生專心讀書，將來有能力可以回饋社會，讓愛的漣漪不斷擴大。

陳醫師的人生經歷啟發他視病如親的悲心，是很好的生命經驗；所以他很珍惜能付出的機會。他不只以身作則，也鼓勵女婿李永磐加入人醫會。

本書作者從陳醫師小時候的成長環境寫起，歷經求學、行醫、加入慈濟人醫會，到海內外義診的溫馨點滴，特別是他的孝行，相信定能鼓勵現今E世代、生活富饒的年輕人，他的身行典範更值得年輕一輩學習。

千言萬語道不盡我內心的感恩，感恩在人生道路上，有陳文德醫師和人醫團隊，和我們一起手牽手，同心同道，成為證嚴上人的腳、證嚴上人的手，走入苦難人的家庭，「分別病相，曉了藥性，隨病授藥」，作為他人身心大依止處、生命中的大船師。

推薦序——人醫診所院長、苗栗慈濟人醫會召集人 **張東祥**

醫界的「怪老子」

因為進入慈濟人醫會與大愛電視臺開拍《慈悲的滋味》，我認識了陳文德醫師。首次見面是在南庄義診，彼此彷彿是久別重逢的好友，陳文德迫不及待、滔滔不絕地分享他的醫療臨床心得。

原本也善於「瞎扯」的我，此刻只能擺出東道主應有的泱泱大度，微笑地領受他的教誨。

當然，我也不能藏私，於是推薦他與眾師兄、師姊們「心得分享」。怎料他接過麥克風之後，竟呆若木雞，甚且微微抖嗦……待復歸座位後，竟在耳邊威脅我：「若再要我分享，就不進南庄義診一步！」

這是我與陳醫師的首次對招，如稚子的直白與無賴的對話。

陳文德醫師是中部烏日佃農之子，幼年深深體會到「貧與病」交雜之苦，俟上任馬偕醫院內科主治醫師後，不慕名位，毅然決定返鄉開業，嘉惠鄉里，遇有貧困病患，不只免費醫治，甚且提供救助。

陳醫師經典的話語時常掛嘴邊，「我們收入比他們好，少收一些也不會吃虧」、「看到他們病好了，心靈的喜悅勝過萬兩黃金」。

他一直是我「醫道」的老師。我倆雖是巧遇，卻彼此成了莫逆之交。我聽得進、聽得懂他樸質無華語辭的內涵，以及那真摯為病患設想與付出的情操。

我倆有共同的背景與胸懷。雖都是西醫學出身，但深深了解西學於治療的不足與缺憾，是以診暇之餘，投入「另類醫學」的探索與研修。合緣的，讚歎「既中既西」；不合緣者，譏為「不中不西」。但我們是「中道行」，取彼之長，以濟此之短；在意的是，患者病癒後展露的歡顏。

有一次，他以膝關節不適為由，至苗栗頭份找我探索對應之法。經過問診與物理診斷之後，我審慎地分析並建議對應之道。沒有開一顆藥，而他卻贈予一堆耳療祕器。

我了解他是專程「以身示教」，卻也「依號序就診」，充分展現「眾生平等」、「親疏齊同」的襟懷。隨後的追訪中，他也持續詳細將膝痛進展的情形與喜悅，回饋給我。

陳文德醫師不時地提供一些非主流醫學的治療方法，甚且自己整理、筆記，印刷一些簡易的對應療法，與參加義診的慈濟師兄師姊結緣。在義診的醫師行伍中，陳醫師一直是大家最寵愛的一位醫師。

在一群求診者的圍繞中，不時地出現疼痛、不適解除的感謝聲。就像變魔術般，問明了病症，了解了病源，就在耳朵上壓壓、貼貼、拉拉，一陣痛後，愉悅的面容顯透著病痛已解除。而他又手不停歇地，繼續下一位候診者的要求。忙著，忙著，一直到義診的尾聲。

陳醫師學貫中西，精通百技，如同布袋戲雲州大儒俠中的「怪老子」，一時忘卻了自己學習過的祕技，卻在疾病的催促下、醫者相互研討中，迸出了治療的奇想與火花，瞬間療癒了病患的苦痛。

對我而言，陳文德醫師亦師亦友，在他誠摯的引導與熏陶下，點開了我醫療的眼界，也豐富了我從事醫療的思維。

陳文德醫師八十三歲了，診病時銳利的眼神與積極的態度，似乎歲月的足跡不曾於他的身上駐足。

祝福陳醫師敏銳如昔，造福更多的病患！

良善合一 草地仁醫

慈濟人醫會婦產科醫師 **廖長州**

十五年前，當有人向我介紹陳文德是「醫師」時，我有些不敢相信。這位看起來憨厚、穿著像一般鄉下人的歐吉桑，怎麼看都不像醫師。後來深入了解，才知道他不但醫術精湛，還是位很有善心、很孝順的仁醫。

陳文德醫師出生於烏日鄉大肚溪畔，畢業於臺北醫學院（今臺北醫學大學），一九七〇年代，他在馬偕醫院已職階至主治醫師。因為家庭環境極為貧困，小學畢業後就輟學幫忙父親種田，數年後才由省立臺中商業專科學校夜補校一路苦讀，考上省立臺中一中，當時他二十一歲，是臺中一中有史以來年紀最長的學生。

以他小時候勤儉上進的經歷，已足以令人敬佩；為了行孝與行善，他立願學醫的精神與證嚴上人的理念不謀而合，每天一睜開眼睛就是為了病人，集良醫、仁醫於一身。加入慈濟人醫會後，更將這分善念發揮得淋漓盡致，義診足跡遍及國際間大小災難現場和國內偏鄉。即使高齡八十幾歲，每當臺中靜思堂有大型活動時，他從烏日騎著機車，風塵僕僕地到醫務室值班。

有一次在義診回程車上，他問我：「廖醫師，你相不相信耳醫學？」我心裏想，「我是婦產科，你是小兒科，怎會問我有關中醫的耳醫學呢？」後來我才知道，他專精耳醫學好長一段時間了。陳醫師殷勤好學，還送我有關耳穴的書籍和大耳朵模型，鼓勵我跟黃麗春老師學習。

根據醫學研究，人體全身有三百六十一個穴道，耳朵的穴道就高達兩百多個，掌管多數身體的器官。耳醫學所需的醫療器材不多，隨時隨地就能幫病人解決身體的病痛，適用於義診，就算婦產科也可經由耳穴診斷而減緩症狀。

醫師不能只開藥給病人吃就好，光靠吃消炎藥無法徹底解除痠痛問題，最重要的是教導病人如何自我保健，況且貼耳穴對身體並無傷害，在耳朵放血對一些緊急症狀，甚且有顯著的效果。

因此，陳醫師相當鼓勵我學耳穴，而且很熱誠，無論任何人請教他，均毫不藏私地傾囊相授。當他在為慈濟志工治療時，我就在旁邊學，他手把手地教，在醫學方面，也算是我的老師。

陳醫師的個性樸實，待人親切無做作，還擅長心理醫學。志工身體有病痛，他先閒聊生活和工作狀況，讓對方放鬆心情，病痛自然緩了三分。他治病不拘場地、不拘小節，保有一顆赤子之心，耳穴器材隨身帶，隨時隨地都在幫助人。只要他出現的地方，慈濟志工總會圍繞於旁，而他則是純真地用筆在病人身上畫穴位，教導他們按摩穴道、自我保健，很受志工愛戴。有時，我在臺中靜思堂值班，志工來醫務室若沒看到陳醫師，會若有所失地問：「陳醫師沒來嗎？」不得已之下，他們只好說：「不然你幫我看！」老師不在，徒兒只好出馬了。

陳醫師待人寬厚，嚴以律己。律己的，不只是對自己，對孩子亦同，所以子孫們個個很有成就。他對己儉省，不隨便接受他人禮物，卻慷慨地贈書、印製穴位圖送給病患和慈濟法親。二〇一五年，他邀約人醫會成員和好友，為臺中一中成立一年兩學期獎助學金，以鼓勵家庭貧困但品行良好的學生安心就學。

他常說自己口才不好，不喜歡上臺分享，實際上，我們常常從他身上挖到很多寶。陳醫師的精神就是慈濟精神，精進、勤奮、分秒不空過，他總是放心不下病人，閒暇之餘研究醫學，是很典型的臺灣傳統善良長者。個人很高興能在慈濟人醫會認識他。他是長輩、是朋友，也是我很尊重的老師，相信這本書的付梓，定可供為學生、年輕人學習的勵志寶典。

推薦序

積善之家有餘慶

佛教慈濟美國愛滿地聯絡處負責人 **陳健**

欣聞《草地仁醫陳文德》一書即將出版，十分感佩陳文德醫師的悲心與大願。

他曾經是我生命中的貴人。因我年少輕狂，年輕時荒唐，經常喝得爛醉如泥，因胃出血而多次入院治療。曾有一次送馬偕醫院急診時，時任主治醫師的陳文德醫師保住了我的胃；我感念至今。尤其是能和陳醫師同師同志同行慈濟菩薩道，更是最最歡喜的事了。

有此因緣為陳醫師這本書寫推薦序，感到非常榮幸，除了歡喜，更是感恩！

《易經・坤卦・文言》：「積善之家，必有餘慶」，陳文德醫師一家人是最佳例子。我與陳醫師的大弟張義朗是很要好的同學，移民美國前，經常去他家走動，算起來，認識陳醫師已超過五十個年頭。

古人有云：「唯有行善積德才能真正造福祖先，庇蔭後代子孫。」陳醫師的父母慈悲善良、熱心助人，不但造福、庇蔭子孫，更造就了三個成功的兒子。除了陳文德當醫師外，老二任職彰化銀行國外部經理，么弟是土地銀行的高級主管，孫子們也個個事業有成。

陳醫師學醫是為了「濟世救人」。「濟世救人」是行醫中最重要的核心價值，慈悲必須身體力行，才是真慈悲。

陳醫師一直在幫助人，這是他當醫師的初心。但這分初心能恆持不變，就不簡單了。除了惠及鄉親，對於貧困的人，他更無償施醫施藥，同時參加「慈濟人醫會」，愛心腳步遍及全臺多處偏鄉、陋巷，出錢出力出時間，義診的足跡甚至遠及中國大陸、日本、菲律賓等地。

從他身體力行中，可以感受到他那顆柔軟又慈悲的心，無時無刻不懸掛在患者身上，對患者的病痛富有同理心，醫病也醫心，真正做到了佛經上所云的拔苦予樂。

陳文德雖是西醫，為了服務更多人，他投入中醫的醫學研究，專攻耳穴和經絡療法。每當活動中有志工身體不舒服時，他以按摩經絡、針耳穴，緩解他們身體上的痠疼。特別是海外的慈濟人長途跋涉回臺灣參加營隊活動，時差問題加上睡眠不足，陳醫師總是熱誠地犧牲休息時間提供服務，適時緩解他們的症狀，跟海內外慈濟志工結了很深的緣，所以若營隊在臺中靜思堂舉辦，我們就會想到他，到醫療站找他。

誰都要走進時間的河流，只願歲月走慢些！

陳醫師已經八十幾歲了，還每週工作六天，為鄉親、病患服務。如不是他的善根深厚，若不是茹素和善念涵養出身心平和，豈能耳聰目明、輕安自在地付出。

積善之家必有餘慶，不必等到下輩子或下下輩子，在陳醫師身上就可看到了。他身心健康、家庭和樂、父慈子孝，孩子們個個有成就，就是最佳的印證。

推薦序

如兄如父仁者風範

辛巴威慈濟志工　**朱金財**

認識陳文德醫師是在二〇一三年菲律賓中部遭遇海燕風災時，我有幸跟著慈濟第一梯次共五十五人的醫療團，於十一月二十二日到菲律賓進行義診。

當時，整團幾乎都是醫護人員，只有少數的志工同行。我誰也不認識，大家對來自辛巴威的我更是陌生。

海燕風災是世紀災難，導致菲律賓死傷慘重。我們抵達時，河流、溪水裏還有大體，有的被撈上來放在馬路旁，還未處理。對於第一次參與國際賑災的我來說，衝擊很大，很震撼，內心更是感到不捨。

陳醫師知道我來自極貧困的辛巴威，他很好奇，很想了解辛巴威，主動關照我、找我聊天。在菲律賓受災區的陌生環境裏，我初次參與這麼大災難的國際賑災，陳醫師像家裏的長輩般主動關懷我，讓我沒有疏離感，充足地感到溫暖；漸漸地，我面對受災區的心情，才調適過來。

從此，只要回臺灣，我都會去找他。陳醫師是一位很體貼、很慈悲的長者，他邀請我到他另外的新家居住，就像親人一樣，給我這海外慈濟人如回到家的歸屬感。

另外，他高明的醫術，眾所周知。我從他身上學習到很多醫學方面的知識，將之運用在原始點復健上，幫助許多辛巴威貧困的人。

約莫二〇一二年，當我開始在辛巴威當地訪視時，看到窮困人家若有人生病了，沒錢進醫院治療，即使有錢，也要等三、四個月，等於是在家裏等死，沒有任何希望。

當時，我買了兩處空地，約四、五千平方米，請志工挨家挨戶將這些患者帶出來晒晒太陽、透透氣、聊聊天，彼此訴苦，他們才知道還有人比自己更苦。

我是辛巴威傳統醫療協會的副會長，有一次回臺灣，有人送我一張原始點的光碟，我開始研究。在這當中，陳醫師給予我很多醫療方面的指點。他不厭其煩、一而再、再而三地，灌輸我很多醫療常識。我將之運用在患者身上，有效後，開始訓練志工。截至二〇一九年，我們在辛巴威首都哈拉雷（Harare）已經有十六個復健據點，每天嘉惠六、七千位來自各地無助和貧窮的患者。

辛巴威不像臺灣醫療便利，隨時可到醫院接受心電圖和細項檢查，若有些個案的狀況緊急，等上三、五個月，可能就往生了。所以我回臺灣時，就去陳醫師的診間；他會教我說，人身體上有很多穴道都在耳朵，病患在任何緊急狀況下，可以先從耳朵放血。

他親自示範，還讓我動手做，並提供聽診器、簡單的醫療器材、經絡方面的圖案和模型，讓我帶回辛巴威，因此幫助了很多辛巴威人。

水對於辛巴威人來講，真的是生命之水，人民每天天一亮就提著水桶四處找水，而且找到的水不一定安全可用。二〇一三、一四年，當我張羅著鑿井以解決當地缺水問題而煩惱時，陳醫師邀約很多人來護持，讓我們暫時紓解缺水危機。他如此的慈悲，如兄如父的仁者風範，令我一生難忘，這是慈濟的因緣，也是辛巴威人民的福氣。

素養淳良世少有

俊美食品董事長　李俊德

陳文德醫師的仁德，世間少有，令我真正欽佩、讚歎！

他比我年長十幾歲，很照顧我。近幾年的中秋節前夕，陳醫師知道我公司員工工作忙碌，親自前來幫員工針耳穴、義診，這番如兄長的情義，怎不讓我敬佩與感恩呢！

因慈濟的因緣，認識陳醫師十幾年了。小時候，他的家庭貧困，父親務農，因此小學畢業後即失學，直到二十歲才自臺灣省立臺中商業職業學校附設商業職業補校（今已改制為臺中科技大學）畢業，繼續苦讀考上臺中一中。

因著這分念舊之情，當他生活過得去的時候，默默回母校設立獎學金。雖然幾年後因承辦人員調職、學校改制，獎學金的善舉未再能嘉惠於學子。不過加入慈濟人醫會、認識紀邦杰醫師後，陳醫師將這分心意委託同是臺中一中校友的紀醫師轉知校長，在二〇一五年設立獎學金，並號召榮董團隊一起耕福田。我雖不是該校校友，卻因他的善舉而共襄盛舉，每學期與團隊回校頒發獎學金，感到與有榮焉。

陳醫師是位不忘本、情至意盡的仁醫，除了贊助母校、鼓勵學弟們努力向上外，捐輸慈濟功德海更是不餘遺力。此外，他事親至孝，雖已身為醫師，威嚴的母親仍把他當作孩子看待，陳醫師總是笑嘻嘻、柔順以待，事事做到「孝」與「順」，他認為順從父母才是真正的孝道。

學醫救人是他終生奉守的志願，以醫人醫病為目的，從不計算收入多少。除了看病，每天晨起聆聽證嚴上人講經說法，勤作筆記。有好幾次，我看到他如孺慕母親般，見到上人即淚流滿面，可見他對師父的一片孝心和感恩之情。

他曾經說，法親身體若健康，才能幫上人多做事，所以毫不手軟地大量供應營養品，親自到家裏為年長的法親針灸、針耳穴等等。對法親一律慈悲等觀，顧老又顧小；尤其，老一輩的資深志工不敢接受針劑注射膝蓋，在陳醫師的細心呵護下，竟然敢去給他打針。他的義舉，只不過是為了讓他們健健康康，繼續替上人擔起如來家業。

陳醫師有一顆單純、良善的赤子之心，只求付出不求回報。從小牽牛、耕田、插秧，是父親務農的得力助手；奉祖母之命結婚生子才繼續升學高中、念大學，並發願回饋鄉親，醫學院畢業後，放棄馬偕醫院主治醫師之職，毅然回鄉服務。

回鄉後，一開始並未獲得鄉親的認可，以為一位出身貧寒的鄉下孩子能有多好的醫術。但他並未因此動搖心志，用心用愛醫治病人，視病如親，以精湛的醫術和經驗，讓許多患者放心。漸漸的，很多患者若身體微恙，再遠也一定要找陳醫師，才能感覺病痊癒了。如今，他是烏日人人心中仁德兼備的良醫。

此外，他更堅守作為先生、父親的責任，一心為家庭、為長輩守護。工作之餘，除了運動、讀書、義診，沒有其他嗜好，對朋友更是掏心掏肺地付出，因此於一九八四年獲得「善行義舉」好人好事代表的殊榮，以及「事親至孝良醫濟世」榮譽狀。

二〇二一年五月中旬，新冠疫情在臺灣，本土案例因群聚不斷攀升，社會上人心惶惶，我勸他不如暫時休診。他很堅定地說：「我是醫師，在這個時候更不能不做，若這樣我就是逃兵！」他堅守崗位，堅持繼續為患者服務。

陳醫師心腸軟、為善不欲人知，更勸人為善與茹素，病患就是他度化的對象。雖看診如此忙碌，還接下社區志工隊長的工作、做環保，甚至發願到臺中地區每個環保站義診，幫志工針耳穴。在診所裏，除了勸人為善的勵志名言和慈濟功德會的竹筒外，沒有掛上或張貼任何一張褒揚個人的牌匾或獎狀。

陳醫師與楊雪夫妻倆相敬相愛的懿行影響孩子與孫子，一家三代皆奮發向上，延續長輩的仁德，服務於醫界。這種忠孝仁義的德風，在以利字當頭的現代工商社會，是少有的人品典範。

推薦序

我敬愛的大哥

陳文德醫師的胞弟　**張義朗**

大哥小時循規蹈矩，服裝儀容整齊乾淨，衣服、書籍排得井井有條；有時睡木板床或牛舍旁當床，依然清理得非常乾淨，雖然簡陋亦是溫床。

他孝順乖巧，順從父母長輩，不必長輩疾言厲色，凡事自動自發，不違逆、不擺臭臉，恭敬體貼。

勤儉儲蓄，撿拾可回收資源及廢銅、鐵，賣得的小錢，累積一小罐後，轉送父母貼補家用；除了繳交學校費用，即使有錢也從不花用。

在家中除了工作還是工作，讀書寫作業皆須利用空檔，如牽牛吃草時也一邊背書，夜間飯後在油燈如豆下寫完功課，成績優異，名列前茅，老師給予的評語，總是「奮發向上，品學兼優」。

他國小畢業後即幫農。曾有本地（烏日）陳姓大富豪知悉，覺得甚為可惜，欲收其為養子，讓他繼續升學，遭祖母堅拒而作罷。

他農事樣樣皆精，有時還幫別人家做，賺些工錢補家用。十九歲時，經母親轉介到烏日街上當照相學徒，也曾到一家造紙廠當工人。後來幸得國小同學的建議，上中商夜補校，並以全校第一名畢業，後參加聯考，上榜臺中一中。

平常上學有空，假日需幫農，少有空閒，讀書變成業餘，但從小即苦練，曾受肉體的磨練而鍛鍊出堅強毅力，養成很會利用零碎時間用功讀書的習慣。

他個性純樸耿直，且受父母影響，敬天愛地敬鬼神，能忍受困苦，奮發向上，還時時將座右銘貼在牆上、桌上，「人生最快樂的事，莫過於為追求理想、目標而奮鬥」、「若非一番寒徹骨，焉得梅花撲鼻香」、「腳踏實地，誠實做人，一分耕耘、一分收穫」。

我們的母親相信舉頭三尺有神祇，善惡到頭終有報。她虔誠信佛、拜佛，三十九歲時「清口」茹素，加入一貫道，精進佛理，勸人入道，慈悲行善，並開設兩家佛堂，供親友、左鄰右舍、村人及信徒聚會傳道。

母親常叮嚀我們，對人、對萬物皆須慈悲，眾生平等，應尊重生命，讓其生生不息，共存於世。她勸人茹素，不殺生。每逢過年過節，以糕粉、麵粉做成各種三牲五禮，雞、鴨、魚、龜等維妙維肖，多數人喜愛而供不應求，也算盡了一分佛心。

母親有寬容胸襟，尊崇各教各義，不獨自偏頗一貫道，眾神皆存，只要依照自己教義信奉、實踐，皆得神祐。

她訓示我們，百善孝為先，唾面自乾。小富由勤，大富在天。玉不琢不成器，人不學不知義。佛在靈山莫遠求，靈山就在汝心頭，人人有個靈山塔，好向靈山塔下修。了悟佛在心中之智慧，道不必遠求。因教子有方，故曾被選為地方模範母親。

因家中貧困，大哥學業未成，不敢成家，恐累及妻小、父母、家庭。祖母是家中的精神支柱，愛廣被子孫，但健康欠佳，盼望早日抱孫。大哥迫於在學中相親，幾經波折，在不得已中完成人生大事。高中一年級下學期，即與國小同學楊雪小姐結婚。

大嫂從小在公務員家庭長大，家裏雖有農田，但完全不用學農事及廚房工作，只在紡織廠上班。手尖、腳嫩，從未動過廚房雜物，忽然嫁到這樣的家庭，若是一般的女子，定是無法適應。

慶幸地，她深明大義，忍痛、忍苦無怨言，一直到熟悉農家各種工作，當中遭遇多少折磨，依然勞苦忍耐。當時，母親帶我和小弟在烏日做小生意，家中餐飯及各種農事，皆須她負責打點和協助，她就這樣堅忍，含辛茹苦到老公回鄉開業。

大哥上臺北求學時，大嫂已大腹便便，即將生產。大哥無法看到兒子出世，夫妻之苦，莫過於此。但為了使丈夫安心求學，大嫂從不埋怨，把痛苦藏於心底，如常工作、侍奉祖母、公婆，就是她的新婚生活，一直到長輩們高壽往生。

而大哥在臺北也艱忍過日，為減少父母負擔，盡量少花用，以多報少。承接或買同學的舊書，或到牯嶺街收購二手書，當家教貼補生活費的不足。勤勉努力用功，不浪費光陰，以好成績爭取獎學金。

他省吃儉用，緊縮自己的生活費，怕小弟冬日受寒，還挪出生活費買二手毛線衣外套給他禦寒。

畢業後，他因成績優異，得入馬偕醫院當實習醫師，之後順利成為住院醫師、總醫師、主治醫師；而後，他放棄院方派任為二林分院院長的機會，毅然回鄉服務。

在北部期間，他依然關心家庭，謹守本分，拒絕誘惑，專心致力於醫療研究，自我求進步，醫術更上層樓。除生活費外，所剩所得，皆寄回家。父母為應付三個大學的學費、生活費，已手頭拮据，心力交瘁，當大哥回鄉開業時，他們無餘錢再供籌備診所用，只得四處向親友借貸。

自幼家貧，家人生病，或無錢或為省錢，以傳統草藥或求神問卜治病，當時鄉親大都以同樣方法治病，因此大哥立志學醫，以照顧家人、親友和服務醫療匱乏的鄉梓。

學醫後，深知醫療乃良心工作，有良醫也有庸醫，為醫者應懸壺濟世，有不忍之心、同理心為患者服務。醫技和科學一樣，日新月異，必須自我精進，與時俱進，他不以在馬偕醫院所學為滿，訂閱各種醫療、醫藥書籍，不恥下問，時時請教同業。

大哥甚且利用工餘時間研讀中醫，學習穴道治療，配合西醫，使得治療效果更佳。開業之初，病患稀少，之後因他醫術、診斷正確，用藥得當，逐漸聞名鄉里，甚至遠地亦慕名而來，診所裏常常大排長龍。

雖醫術、用藥、服務提升，所需成本亦增加，但他收費低廉，施惠貧困，甚至完全不收費，故收入不多，背負債務，經多年努力，使得還清。

農村單純生活的田庄囡仔，與世無爭，涵養一生淡泊名利心志，將父母傳承下來的慈悲、善良發揚光大，有著人溺己溺、人飢己飢的同理心。因從小跟著母親篤信一貫道，而得以接觸佛理，在偶然的機會裏，得遇慈濟人引進慈濟人醫會。慈濟精神亦是母親的精神，正與他職志契合。

以報恩的心落筆

撰文・張麗雲

離上一本書出版，匆匆又過了三年了。完成第一部書後，好像注定要為下一部書點燃星火，我很肯定當時下這個決心的時候，一定沒有經過「末那識（第七識）」。

我常拿著一顆很重的石頭往自己身上壓，硬擠著過日子，等到哪天遇到瓶頸、壓力全湧、理不清了，就想著乾脆放手算了。但想了想後，又去找些甜食來引誘自己就範。過了幾天，當出現一些契機時，這條路又暢通無阻了。

這種想放又不肯放、欲迎還拒的小媳婦心情，就是我。一路停停走走，時躲時閃，直到不得不下第一筆時，唉呀，那可真難啊！您可以想像我開頭改了多少遍嗎？數不清囉！

不過，一旦打開步伐，專注一念，一邊塗鴉一邊修，熬出第一篇後，就海闊天空了，但是離預定的目標卻整整遲了一年！

一部不到十萬字的人物傳記，花了將近兩年的時間，若非慈濟人文志業出版部同仁邱淑絹的慈悲與耐性等待，這位終生奉獻醫學、助人無數的醫者風範，豈能輪到我這門外漢來撰文呢？我又何德何仁，只透過敲打鍵盤，就能詳盡描摹出這位醫者一生的精采故事？

人要有一點傻氣、膽量，不一定做得到，但只要您願意。偏偏從小我膽子就小，記得有一次爬一座木樓梯，四哥在旁邊扶著，我還是哭不停，那隻腳始終不敢往上踏一階。後來四哥安慰我，爬上去就給新的鉛筆盒，我才閉起眼睛豁出去了。想說若真的掉下去，看不到地板與樓層中間的那段「凌空」，就不會恐懼，況且有四哥可以靠。

屢次迎來自不量力的挑戰時，就是打心裏覺得有人可靠。有人問我，自己想寫陳文德醫師，還是受誰的請託？我說是主動提筆的，反正電話上看不到對方的表情，我就繼續說理由。

陳文德醫師進入慈濟近二十年，將良善、慈悲、熱誠的助人本質，發揮到盡善盡美。他無私無求、自掏腰包、為善不欲人知的德風，並非參加慈濟團體才有，是他與生俱來的因子。

他從工科轉學醫，是基於一分孝悌和回饋感恩的心。從行醫的那天開始，不管來者是親戚朋友，或素不相識者，他都一律平等對待，施醫施藥以治病為目的，錢財在其次。倘若他的德風、仁者風範只限於慈濟世界的慈濟人知，豈不太可惜？

認識陳醫師是因為嫁到婆家，婆婆常對我們說：「阮身體攏無爽快，昨天才去給恁哥哥看……」「恁哥哥說……」婆婆開口閉口都說，恁哥哥怎樣怎樣。當時，我並不知道那位「哥哥」是何方人物？後來慢慢了解，才知道他是婆婆的親姪子，我就順理成章地跟著先生稱他為「哥哥」。

婆婆很小就給人當童養媳，一生勞碌，中年又守寡，獨自撫養五個兒女，三個女兒遠嫁美國，兒子事業時好時壞，將她辛苦賣枝仔冰小店賺來的兩棟房子，都拿去抵押貸款了。

婆婆老來獨居臺中，身體一有病痛就打電話到烏日，陳文德就說：「阿姑，恁搭公車來啦！」看了病，拿好藥，還要她留下來小住一晚。他待三位姑姑如母，噓寒問暖，時而接濟婆婆的生活費，比她親兒子還親。

當時，懵懂的我，沒有育兒經驗，孩子一旦感冒流鼻水，就緊張得很。也許因臺北溼度重，孩子三不五時地過敏感冒，吃了兩、三回西藥沒痊癒，婆婆就說：「帶下來給恁哥哥看啦！」

真的，孩子吃了他開的藥，很快就好了。從此，只要我們身體有任何異樣，第一時間就會先諮詢陳醫師。可是他從不拿醫藥費的悲心，反而讓我卻步了，所以能不麻煩他，就盡量不找他。

當時我住在臺北，婆家親戚間的往來，都是婆婆出面張羅。與陳醫師一家人也僅限於浮萍式、禮貌性的點頭之交。直到我加入慈濟，輾轉得知他和嫂嫂也雙雙進入慈濟，這層因緣才愈來愈深。

我們都了解「一粥一飯，當思來處不易」的道理，但常常為了追逐生活的美好，忘掉曾經有過的因緣，人與人之間的情，就變得淡薄了。兄弟姊妹長久不相往來，子女成長後因就學、工作的關係，長期在外，難得一個月打個電話問候。沒有消息就是好消息，當電話那頭傳來聲音時，反而以為發生什麼事了，這是現代人與人之間、親子間的寫照。

我想寫他的故事，說穿了，還有我的一點私心。現今的社會，忠孝仁義就像供奉在博物館、忠烈祠的歷史故事，在新世代的人間蒸發了，若老一輩說起這些道理，年輕世代的就說，「時代不同了，不要老提你們當年那些舊事。」

陳文德醫師的仁孝與忠義，對於新世代的年輕一輩來說，可能是老掉牙的老人「經」。我想，若能因這本書，而影響到任何一個人、一個家庭和社會，再值得不過了。

所以，我跟提出疑問的對方說，我寫陳醫師的故事，基於兩個理由：一是報恩，有恩就當報；二是，我是文字志工，豈可不將他一生感人的足跡記錄下來？

剛開始，陳醫師以為一篇不過三、兩千字就帶過去了，哪來那麼多東西好寫，每次去採訪，他都說：「不要寫那麼多，沒人會看啦！」

這樣說著、說著，本就沒信心的我，會像洩了氣的皮球，想：「我不是正牌的作家，誰會看我寫的書啊？」歷經一波三折，這場歷經兩年的馬拉松式長跑，在今年（二〇二一）六月終於衝過終點線。

人過半百，經歷許多悲歡離合，早已透徹什麼事情該說、什麼事情不該說、能不說就不說、能做就做的人生哲學。週末假日，我可以兩天不出門、不說一句話地爬梳。當腦汁絞盡時，就關閉電腦，沖杯茶，打開書來看。這時，靈感通常會從閱讀中源源不斷冒出。

感謝這場戰役（疫），讓我化不可能為可能，將這本書好好完成。這當中更要感謝協助我採訪的烏日慈濟志工團隊的助緣，才能讓這本書付梓，圓滿我心中的這個願！

一、大水來了

一九四三年（日治昭和十八年），夏日的午後，大地一片慵懶，連樹葉都靜止地午休去了，唯獨知了在枝頭放浪地唧唧叫。

筏子溪清澈的溪水，緩緩流過烏日鄉。一畝一畝的稻田，稻穗金黃飽滿，鼓鼓垂下，正待採收。甘蔗園，冒出翠綠的莖幹，枝節分明，看來十二月一到，將會是個大豐收了。

筏子溪是烏溪的水系，流經烏日鄉南里、北里、螺潭、東園、湖日、三和、榮泉等村莊，與貓羅溪、大里溪匯合入大肚溪。烏溪源出於臺灣中部合歡山西麓，蜿蜒於山谷之間，下游河段因流經臺中市大肚區，俗稱大肚溪。

大肚溪出海口位於臺灣西側海岸，吸納從中、下游沖刷而來的大量泥沙，堆積形成沖積扇，得天獨厚成良田。貧困的農民多住於溪底，向地主租田來耕耘，稻米收割後，佃農以稻草為牆，竹管為幹，攪和牛糞與水成黏土，在溪畔就地築屋群居，村民稱它「厝子巷」。

傍晚，夕陽躲在最後一片雲彩裏，數秒間，落日餘暉隨即消失在天邊，連雲彩也一起帶下山去了。不知何時，月亮升上了天，閃閃的星點圍繞著它，像護衛般緊緊地跟隨。

滿天的星斗，白亮亮的月色，照拂大地一片皎潔，照進茅草屋。村民藉著月光起火燒柴，炊煙裊裊飄出屋外，也飄帶出了飯菜香。草叢間，蟲鳴唧唧，溪水裏，蛙蜍歡喜跳躍，呱呱呱地叫個不停。

這天，過了午夜，突然刮起一陣狂風，狂風帶來驟雨，滴滴答答地下，愈下愈大，烏溪上游洩流而下的河水，愈積愈多，筏子溪來不及收納，溢出溪面，漫過甘蔗田、農田，沖進了民房。「淹水了！淹水了！快跑啊！」水聲隆隆，村民從睡夢中驚醒，驚慌地逃出屋外。「卡緊咃！快逃啊！大水來了！」

水來得急又快，稻草覆蓋的土角厝歪斜一地，厝子巷被淹成一片汪洋。這種看天過活的日子，每逢夏日，西南季風帶來的豪雨，造成洪水氾濫，生活家當都遭淹沒。傍溪搭成的草寮屋，結構纖弱，經不住大雨的襲擊，幾乎全都崩落，隨大水沖流而去。

生活本就貧困的農村，這時，更加叫苦連天了。

「攏去啊！攏去了了啊！整個庄頭都淹啦！」村民們全跑出屋外，有的披一件破長衫，有些只穿件破了許多洞的汗衫，更有些只穿一件底褲……在田埂上呼天搶地，哭號吶喊「天公伯啊！媽祖婆啊！觀音嬤！阮是甘苦人啦！求求您保庇，把大水引走啊……」

此時，大水直沖而來，聲勢隆隆，天公伯、媽祖婆、觀音嬤也聽不到村民的呼喊，誰都無法擋住無情的大洪水。

雨來得急也去得快，一坨坨的稻草、樹枝、樹幹在溪中載浮載沈，不知道哪兒流來的鰻魚漂浮其上，竹幹架成的屋構，被大水沖得東倒西斜，住在厝子巷的陳其昌一家人，也無法倖免。

「歐卡桑！我們現在怎麼辦？無厝好伫了啦！」五歲的陳文德，童言童語，一雙小手被外婆牢牢地牽著。經過一夜的折騰，小手冷冰冰的，直打哆嗦。雖有外婆護著，小小的心靈，還是感到害怕，看著父親陳其昌背著病懨懨的外公，一臉憂愁的樣子，不知道下一步該怎麼辦？他不敢問父親，抓著母親張月問。

溪水來得急又猛，村民無可奈何。農田是村民生活的全部，是生活的主要來源，稻米收成後只靠地主提供稀少的米糧過日，村民本就貧困，這次被大水一蹂躪，更是雪上加霜，要再找到適合的居住地，實在很難。

「……」張月懷裏抱著才兩歲的二兒子張義朗，臉上盡堆著憂傷，無言以答。他們夫妻、兩個兒子、父母、三妹，三代七口人擠在這間茅草屋裏，空間狹小，地板坑坑洞洞，擠歸擠，至少可以遮風蔽雨，現在大水不留情，連留給他們遮身的地方都沒有了。

向王爺公求符水

張月眉頭深鎖，幾乎呆住了，沒有心情回答陳文德的問話，只是哭著說：「卡桑，那現在我們怎麼辦？怎麼辦啊？」

「你哭也沒有用啊，總是要想辦法啊……」老媽媽轉頭看到自己的老伴縮著身體，蹲在田埂邊，雙手捧著腫脹的肚皮，一直在發抖。「阿德，去拿一件被子給阿公蓋！」

「阿嬤，棉被都溼了，我們沒有棉被了！」陳文德回著。

老媽媽轉頭對女婿陳其昌說：「要不然這樣啦，你去找阿尚舅問看看，他有一塊地，地勢比較高。」

他們向阿尚舅租了四、五甲的農地，「阿尚舅」與外婆同姓楊，鄉下人人情味濃厚，同姓者都認作同宗，以親戚相稱。

這時，鄰居來報，「說也奇怪，整村都淹去了，村頭的王爺公卻還好好的，真正有顯靈！」

「有顯靈！有顯靈！阿昌，這樣吧，你再去王爺公求符水來給恁多桑喝，看他病會不會快點好？回來再處理房子的事！」陳其昌馬上放下手邊的工作，轉身去王爺公廟。

乾隆五十一年（西元一七八六），有漳州府平和縣林姓等族人到烏日開荒拓墾，曾到水里港福順宮三府王爺求香火祈福，後來族人如遇有疑難，都會懇求王爺公相助，因而化險為夷。村民們都相信王爺公極為靈感，時常為村民驅邪治病，漸漸地成為村內的信仰中心，香火鼎盛。

日治時期，大肚溪下游溪底農村，瘴癘氣重，衛生條件不好，村民窮，病了也沒有錢看醫師，只好向王爺公求符水喝。

「我求符來了！」陳其昌將符紙拿給太太張月。

「拿給我做什麼？去拿火柴來啊！」張月大聲地喝斥陳其昌。

陳其昌拿來火柴，交給太太，又被轟了：「你沒看過卡桑做過嗎？燒符紙再加水，給多桑喝啊！」

陳其昌「喀喳」劃下火柴，剎時火焰升冉而出，符紙在碗裏被燒成了灰，他雙手將符水送到岳父面前，準備親自一口一口地餵他。

「好了！好了！趕快去找些甘蔗葉回來，好搭屋子了，要不，晚上要住哪裏？我自己喝就好！」岳父張環提醒憨直的女婿陳其昌。

張環罹患瘧疾多年，後來雖已痊癒，卻產生併發症，造成肝硬化、脾腫大，再加上營養不良、腹水，大腹便便如孕婦，常常縮在牆角晒太陽還打冷顫，村裏的人都叫他「大肚環」。

陳其昌入贅張家後，家無恆產，他就一肩挑起田裏大大小小的農作，維持一家七口人的生活。

用稻草、牛糞、竹籬蓋的家

陳其昌向阿尚舅租了地，泥沙地還溼答答的，坑坑洞洞，想找乾一點的稻草，實在不容易。他撿來稻草和竹管，量地、劈竹。

「文德！你來幫多桑的忙，拿這個桶子去撿些牛糞，從水溝裏舀一些水回來。」

「多桑，攪牛糞要做什麼？很臭吔！」

「哪會臭？你平常牽牛出去，有聞過牛糞臭味嗎？」

的確，不知道是因為在空曠田野上有稻草、泥土摻雜擋去牛糞的臭味，還是牛糞真的不臭。陳文德抿嘴一笑，是沒錯，自己好像真的從未聞過臭味。

才五歲的陳文德像個小大人一樣，平時不僅牽牛、顧牛、養牛，還會主動幫大人拔草，有時還想跟著下田挲草，被父親制止，「你人那麼小隻，下田會被水淹沒，在田邊看就好，再長大一點，就可以幫忙挲草，也可以幫忙犁田了！」

陳文德沒有跟著下田。不一會兒，他提著水桶，顛顛簸簸地走了回來。因為拿不穩，一邊走，水一邊溢出，溢滿腳背、小腿。

「唉唷！真是的，囡仔還這麼細漢，你怎麼叫他去做這麼粗重的事，摔進水溝怎麼辦？」

「阿嬤！我會做啦！」乖巧的陳文德看到父親忙進忙出，總是會主動幫忙。

「這些稻草和甘蔗葉要怎麼糊上牆壁？」陳文德好奇地問。

「你看多桑怎麼做？不要小看這些稻草，很好用，蓋了房子，冬暖夏涼。雖然我們家窮，每個人也都窮啊！我們要窮得有骨氣，遇到困難就想辦法解決，沒有事情會難倒我們！」

陳其昌將碎稻草、牛糞，加適量的水和一起，塗在竹籬上，先築起房子的框架。「這牛糞加一點水後，再和雜草攪拌，就可以將牆壁糊得很堅固，夠我們一家子住一段時間了！」

陳文德似懂非懂，眼睛張得大大地看父親糊牆壁。他一下子遞稻草、一下子跟著糊牆，一間屋子在兩父子互動中，很快就完成了。有牆有屋頂，一家大小終於有個棲身的地方了。

亮晃晃的白銅沒了

陳其昌七歲喪父，家裏窮，幾乎三餐都以水煮地瓜簽給兩個孩子填肚皮，媽媽手無縛雞之力，又懷有身孕，只好無奈地把女兒送人領養，留下兒子陳其昌。媽媽改嫁他人後，陳其昌就住到舅舅的茅草屋裏。

小小年紀的陳其昌，頓時成為孤兒，無父無母，除了睡覺時間回到舅舅家，平日就在村裏閒蕩。但他勤奮好學，村人看他做事認真，找他幫忙放牛、看顧鴨母，供給他三餐溫飽，還發給他零用錢，以此勤儉過日。

早有人向舅舅稱讚他這個外甥伶俐、勤奮，顧牛看鴨不輸大人。舅舅好奇，自己一年半載連個硬幣都難賺到，這個孩子會賺錢？

「我倒要看看他能賺什麼錢？」

晚霞漸漸由紅轉黃，即將落入大肚山後去了，月兒已經露臉等著上升，陳其昌興沖沖地跑回茅草屋，手上捏著幾個日治時期的白銅幣。舅舅早站在門口等著他，「來，你手中拿的是什麼？」

「阿舅，這是我賺的！」天真的陳其昌打開手掌心，兩個亮晃晃的白銅，果然是錢。

「拿來！拿來！小孩子不可以拿錢，會被騙走，以後賺錢都要交給舅舅收！」陳其昌乖乖地將銅幣交給舅舅，未置可否，沒有了剛剛的興奮神情，走進草屋。

其實舅舅也不是真愛錢，是窮怕了。鄉間村落，農田、屋子裏、床底下隨時都有蛇出沒，舅舅善於抓蛇，常幫人抓蛇，所以村民稱他為「抓蛇萬」。他雖然有田可耕、有塊鹹豆鼓配米粥和地瓜簽，可過上個半把月的日子，卻從未看過有錢人家說的「白銅幣」長什麼樣子。

陳其昌每天如常地幫人牽牛、顧鴨、做長工，賺來的錢總是一毛不留地交給舅舅。只要哪戶人家需要他去養鴨、趕牛，做長工，他都很勤快地答應，不喊累，也不嫌做什麼工。直到他二十歲，入贅張家，與張月結為夫妻。入贅張家，並不是因為張家生活富裕，岳父家的窮與他的原生家庭不相上下。岳父向地主租來的地，靠著勤奮的陳其昌刻苦耕種。陳其昌除了忙犁田、種稻、拳草、種番薯外，只要鄰村有人需要農工、拉車伕，他二話不說都接了下來。

生下長子陳文德後，農忙的時候忙種田，平日糖廠需要運糖工，他也去當鐵路工人。

扛起裏裏外外大小事

陳其昌做事認真，很得地主和老闆的緣，老闆需要他幫忙做，不管長工、掃地工或抬轎，他都很努力地將工作做好。

「阿昌！阿昌！趕快載阮頭家去看醫師，快快快！」那日，夜涼露重，陳其昌正熟睡著，被一陣急促的敲門聲叫醒，睡眼惺忪地來開門。「阮頭家發燒了，站都站不穩，趕緊騎車來載他去街上看醫師……」陳其昌順手拿起一件破舊外衣，俐落地跨上他的鐵馬（腳踏車），猛踩著往頭家厝去，睡意也被催醒了。

「咕咕咕——咕」，過了四更天，公雞的啼叫聲劃破長夜，星斗依然高掛天際，陳其昌騎著鐵馬，藉著月光回到家裏。放好鐵馬，走進廚房，看到岳母起火燒柴，準備煮稀飯，可能是柴太溼了，任她怎麼引火，就是點不著。

「卡桑，我來啦！文德起床了嗎？」陳其昌說。

「多桑，我起來了，你今天要去田裏嗎？」從小看父親忙進忙出的陳文德，習慣早起，小小年紀總想能幫父親承擔一些，讓他少些勞苦。

「憨孫吔！不去田裏，我們要靠什麼呷飯啊？」外婆拉起他的手，拿一件衣服給他穿上。「你阿爸認真打拚，我們這個家要不是你阿爸，真不知道該怎麼辦？」

陳文德似懂非懂，看著父親起火燒柴，他靠近說：「我以後早上可以幫阿嬤起火啦，你免煩惱！」

「我這金孫吔！好好好，以後我叫你起來幫阿嬤的忙喔！」

三代一搭一唱，柴火愈燒愈旺，稀飯也熬熟了。用完早餐，陳其昌拿起鋤頭準備下田去除草，交代陳文德牽牛去吃草，他今天不會用到牛。

陳文德將牛牽到甘蔗園旁吃草，隨即來到父親身邊，看父親拔草，他也蹲著除草，好奇地問：「多桑，你怎麼用手拔草，很慢啊！用鋤頭除不是比較快？」

陳其昌繼續拔他的草。有一株草，根植得很深，他使勁地用力拔，實在拔不起來，最後雙手一起用上，先耙周圍的土，愈耙愈廣，直到看到草根，還有延伸出去的細根，然後雙手用力一拔，連粗根、細根一起拔起來，周圍的土都鬆了。

陳文德一雙眼睛跟著父親的雙手移動，耙到哪裏，他就看到哪裏。「哈哈，你好厲害喔！多桑，這樣我也學會了！」

「俗語說『斬草要除根』，如果我們怕累，只用鋤頭除草，是除不乾淨的，再隔幾天，草又會鑽頭冒出來了，所以必須連根拔起，斬草除根。長得淺的草可以用鋤頭拔，如果像剛剛那根草，就一定要用手除了。」陳其昌藉機教育兒子，「我們這雙手很好用，只要我們勤勞、肯做，沒有做不來的事！」陳文德雖然年紀還小，不見得聽得懂，但他始終認為，肯做、實做，就能從生活中得到經驗。

「多桑，阿嬤昨天晚上有說故事給我聽喔！」

「噢！她說什麼故事？」

「她說她很謝謝你，你很勤勞，還好有你幫忙種田，阿嬤還說她沒有兒子，你就像她的兒子一樣，還說她以前很可憐……但是我聽不太懂她說什麼……」

陳其昌逕自除他的草，沒有回答。以前他曾聽人家說岳母十五歲就嫁進張家，因為太年輕了，時常受姑姑們的欺負，連吃飯都會被搶走碗筷。她連生三個女兒，沒有生兒子，因為窮，坐月子期間沒得好好進補。外公沒有好好疼惜她，還時常無理地打她。

「咱做人都要孝順，阿嬤是我們的親人，多桑雖然不是他的兒子，但你沒有內嬤，她就像是我的親媽媽……」

五歲的陳文德，其實不太懂得大人的事，但他看得出父親對外婆很孝順，家裏面大大小小的事，都是父親在做。

耕種五、六甲田，要先繳租金，地主才會增加畝數。地主願意讓佃農做才有田可耕，不讓佃農做就收回去，有的佃農今天還有田可耕，隔天就兩手空空了，而收成也要看地主的臉色，才有稻米可分。

有一年夏天，稻米豐收，大埕上鋪滿金黃的穀粒，全家大小都下場幫忙，陳文德協助推開穀粒，大人們將一布袋一布袋的稻穀倒出來，一、兩個小時翻動一次，晒好後，地主隨時會派人來收回。

接近下午三點，地主派人推著獨輪車來載稻穀，陳其昌全家興高采烈地協助將稻穀疊上車，張月、媽媽和陳文德繼續裝米，張月說：「今年收成多了一倍，地主不知道會不會多給我們一些米過冬？」

阿嬤說：「應該會吧！我也在想……」其實她的眼神飄向遠方，並沒有專注在張月的問話。陳文德單純的心靈，也看不懂那眼神的意義。

陳其昌一直很沈默，靜靜地協助地主的工人疊米，直到最後兩袋……陳文德像小大人般安慰父親：「多桑，他們不會來了，這兩袋要留給我們的！」陳其昌眼神瞄向岳母和太太這邊來，他不太有把握地主的想法，但也不想潑一家子的冷水。

過不了多久，工人又推車回來了，將兩袋米疊上車，推走了……留下愣在一旁的陳家一家人。

這時，陳文德看到外婆擦著淚水走進屋裏，他的卡桑也緊跟著進屋去，而陳其昌呆呆地立在大埕上，目送推車消失在視線外。

勤快耕作盼一家溫飽

一個深秋的傍晚，東北季風呼呼地吹，從溪底帶著涼意滑入陳其昌的背脊，身上的汗水因這秋風一吹，感覺一陣陣地涼了起來。

中午出門的時候，太陽還像夏天般燠熱，愈接近傍晚，北風愈來愈強，兩隻腳站在稻田裏，有時候還得趴下身子，跪著一寸寸往前挲草，才能拔盡擾人的草根。他全身衣服都溼透了，兩腳像在踩冰塊，手臂也被田水浸到紅噗噗地，連骨頭都快散了。

陳其昌不由得站直身來，試圖動一動身體，以驅走涼意。眼前還有三畦的草未挲，他實在不能放下就回家。因為接下來的一個星期，他答應去幫鄰長挲草，多少賺一點工資貼補家用。

自從岳父生病這四、五年來，他扛起了所有農作，地主分給他們的米糧不夠一家七口人吃，飯桌上只看得到番薯簽和鹹魚乾。

「阿昌啊！阿昌啊！……」他遠遠看到阿尚舅氣喘吁吁地，半跑半走地往他這田埂邊來。

「我在這兒啦！什麼代誌那麼緊張？」

「卡緊卡緊啦！恁阿爸快不行了！趕快回去啦！」

陳其昌丟下鋤頭，顧不得斗笠被風吹到隔壁水田裏，三步併做兩步，衝了回去。

快到家時，聽到妻子張月淒厲地喊：「多桑，多桑，你不能走！你不能走！嗚嗚嗚……」妻子的二妹邊跪邊哭地爬進家門，後面跟著她的丈夫和孩子們。

「阿公！阿公！……」陳文德的大弟張義朗冠媽媽的姓，被媽媽抱到前面跪著當作長孫。當初陳其昌入贅時，岳父要求若生第二胎也是男的，要為張家傳宗接代。

自父親過世，母親改嫁，妹妹送人領養，陳其昌就像孤兒，孤伶伶地被安排在舅舅家，受舅舅照顧，養成他順從的個性，凡事都聽從舅舅的指示。入贅張家，他也順從岳父母，對他們如同親生父母般孝順，連對妻子也從不回嘴，他告訴自己，讓一家溫飽是身為男人天經地義的責任。

辦完岳父的後事後，陳其昌更加勤快地耕作，早出晚歸，殷勤地接幫傭、鐵道工賺外快補貼家用，整天忙到晚上吃飯時，才能見到他的身影。陳文德漸漸長大了，又增添了一個弟弟，媽媽要照顧小嬰兒，又要料理家務、餵家畜，才六歲的陳文德告訴自己，照顧大弟是他的責任。

這時，小姨也招贅了，家裏多了一個人口，陳其昌向地主租更多地來耕種，家人都期待小姨丈能幫助父親，可是他總挑喜歡的種菜工作，自闢一方菜園。陳文德除了是父親田裏的左右手，也幫忙姨丈澆菜、撿菜葉、綁蔥和菜，再協助推去市場販賣。

晚上，就是他與阿嬤最親的時刻了，夏日為她搧涼，冬日替她暖被。有時候搧著搧著，阿嬤還沒睡著，他自己已經累得呼呼睡了。

「唉呀！這孩子，叫你不用搧，偏要，自己背部都溼了！」阿嬤輕輕地拿下他手上的扇子，換做她替他搧風。

二、求學路遠

一九四五年，第二次世界大戰，日本戰敗投降，被日本統治五十年的臺灣回歸國民政府，一個嶄新的世代即將展開。

隔年，陳文德七歲了。

他仍然與父親下田幫忙。第一季稻米收割完畢，將稻草在末端二、三十公分的地方用繩子綁緊，一束一束的稻草豎立在田中央，好像穿著整齊卡其服的小學生立正站好，風一吹，飄來淡淡的稻草芬芳馨香，陳文德好喜歡這種天然氣息，深深地吸一口氣。

稻草也可當作牛的副食乾糧，他例行性地牽牛去吃草，並沒有馬上離開。他愛看牛一口又一口地嚼著稻草，吃得津津有味，感到好欣慰、好安心；將牛養得健壯是農民的財產。「哞——」牛好像懂得這個小主人的心意，喫著稻草，嘴角流下口水，望著陳文德。

「牛叔叔，好好吃草，吃得身體壯壯，才能好好地幫爸爸的忙！」

「哞——」

牛吃完草，陳文德將牠牽回牛寮拴好，返回家去。

「阿德吔！鄉公所發通知單來了，你要上學了！」不識字的阿嬤，將通知單拿給陳文德。他接了過來，順手往飯桌一放。「給多桑看！」弟弟張義朗繞著他轉，追著問：「哥哥，我可以跟你去上學嗎？」

陳文德摸摸他的頭，轉身去廚房幫卡桑拿碗筷。要去上學讀書，小小的心靈有小小的操心。他擔心早上不能牽牛去吃草，田裏的草很快就長高，沒有人幫父親犁田，他一個人忙得過來嗎？

「卡桑！來吃晚餐喔！」母親煮好晚餐，叫大家上桌。

晚餐後，祖孫三人坐在門口埕，陳文德心思重重。這一晚的天空特別清朗無雲，滿天的星星如護衛，圍繞在月亮四周。陳文德對著月亮默默地說著內心的祈願，「希望阿嬤、父母都永遠像現在這麼健康，全家永遠在一起。」

「阿德啊！再兩個月你就要去上國民小學了，但是你知道這個田都是恁阿爸在耕做，你去上學後，他會更辛苦，回家來還是要像現在這樣幫他！」阿嬤拉起陳文德的手，拍拍他的手臂。陳文德因為常做勞力工作，一雙小手臂，骨頭長得比肌肉快。

「阿嬤，你不用煩惱，我一定會幫多桑的！我現在很會犁田了，連阿尚舅都說我犁田的速度不輸多桑！」

「如果沒有恁阿爸，我和恁卡桑、阿姨不知道要怎麼過日子……」阿嬤說著說著，好像有東西卡在喉嚨，停住了。

陳文德將阿嬤抱得緊緊的，「阿嬤！我是大漢的，長大了，現在牛都不會欺負我了，我以後一定會賺好多錢給您和多桑、卡桑過好日子，別擔心！」他記起四歲、五歲牽牛時，差點就被牛角刺傷。

夜深露重，天邊皎潔的月色，將大地鋪成一片銀光色毯。陳文德內心通透清明，對未來充滿希望與憧憬，但願這美好的一刻能為他一家人永遠停格。

常常考第一名

八月初，要開學了。陳文德穿起父親褪下來的一件短褲，因為他長得高，阿嬤往下摺了一個大褲頭，給他繫上一條麻繩。他邊走邊用手抓住腰頭的那條麻繩，用力往左右挪幾下再往上一提，使勁扯緊，可是很快，被提起來的褲子又往下掉。

第一天是註冊日，家裏沒有人認識字，他將入學通知單往學校送，赤著腳跑進學校。

「同學！你怎麼不穿鞋啊！」一位老師遠遠地走過來，厲聲地說，嚇壞他這個新生。

陳文德默不作聲，頭低低地快步走進校園，心裏想，「哪有鞋子穿啊？能吃得飽就不錯了。」

註冊完，老師說翌日開始上課。陳文德幾乎以百米的速度飛奔回家，拉下那件似短非短的上學褲，換上平日農作的褲子，往田裏急衝而去。

「怎麼只去一下子就回來了？跑慢一點啦！」

父親田裏的工作少了這位小幫手，顯得更吃力。所幸小學只有讀半天，陳文德中午一放學，放下書包，就往田裏奔去，有時候連中餐也來不及吃。

陳其昌不捨兒子既懂事又勤快，雖然工作很緊，他還是要寶貝兒子先填飽肚子。「多桑跟你說，以後一定要吃中餐才讓你來，籃子裏還有一點鹹稀飯，先去吃，才有體力做事。」

「好啦！」陳文德囫圇吞棗，恨不得將整碗稀飯倒進嘴裏，稀飯是涼的，不至於燙到舌尖。

放下碗筷，他手腳俐落地踩進田裏。只見父親跪在田泥裏，雙手並用，十指如鉤地抓扒，挲起雜草並除根。陳文德學習能力強，一兩次後，就有模有樣地跟著做，減輕父親許多負擔。

他往前挲草，父親往後倒著走，二人的速度不相上下。「多桑，我摸到一片硬硬的東西……」工作到田中央，腳底踩到一塊硬鐵片，他撈起來給父親看。

「哦！那是日本人和美國人打仗時，地上爆炸過的高射砲碎片，拿去賣給『壞鐵仔』，很值錢的。」陳其昌一看便知。

陳文德很興奮，砲殼可以賣錢，他打算賣來的錢去餵竹筒，所以更認真往前挲，好像目的不是為拔草，而是為了找到砲彈殼片。

小時候，他常常看到日本警察好威風，留著兩撇小鬍子，腰間配著長刀，走路抬頭挺胸，很是威儀、莊嚴的模樣在他幼小的心靈留下深刻的印象。許多人看到日本警察都會害怕，陳文德覺得自己沒有做錯事，沒犯罪，不必害怕，反而起了一分欽慕與敬意。

幾年前，日本還未投降，每當戰鬥機從他頭頂上一前一後地飛過，他就停下手邊的工作，仰頭看得呆住了。父親嚇壞了，趕緊喊他：「趴下！趴下！砲彈會打下來！」有時候飛機飛得極為頻繁，村民看情勢緊張，紛紛躲進防空壕去避難，不敢再到田裏工作。

上學的日子一下子個把月過去了，陳文德第一次月考成績十三名，看到名次在他前面的同學，他才覺察到自己一回家就往田裏衝，幾乎沒有多餘的時間看書，他告訴自己第二次月考一定要進步。從此他書不離手，即使到田裏工作，一有空檔、歇息時，或牽牛去吃草，就拿書出來背。

匆匆又過了一個多月，第二次月考過了，這一天發成績單的時候。老師站在講臺上對著同學說：「你們知道這次月考誰得第一名嗎？」大家的眼光都拋向第一次月考得名的同學身上。

老師向同學宣布：「這次的第一名是陳文德！」

同學們驚呼地鼓掌，陳文德有些不好意思地低下頭去。

「老師知道，陳文德放學回家都要幫爸爸犁田、拔草，還要放牛，他還能這麼用功，是大家要學習的模範喔，你們也要認真用功讀書！」

拿到成績單，陳文德很興奮，幾乎是衝著回家。「阿嬤！阿嬤！我考了第一名……」

「阿嬤！給你看！」

「我又不認識字，哪看得懂？」

「你看，這裏寫一橫，就是第一名！」

「這張又是什麼？」阿嬤很好奇地問。

「這叫做獎狀！」

「喔！金孫這麼有本事！」阿嬤笑得眼角、額頭滿是皺紋，牽起陳文德的手，一起到餐桌。

他匆匆吃完午餐，往田埂飛奔而去向父親報喜。父親不疾不徐地說：「考第一名真好啊！不過我們的田還是要耕，才有飯吃！人就是要腳踏實地，才能出人頭地！」

「這個我知道！」

接下來的好幾年，陳文德幾乎每次月考都得第一名。

老師送的鋼筆

有一次，老師特別送他一支鋼筆，從未看過鋼筆的他，急著想拿回家給阿嬤看，一不小心撞到前面一位正在走路的女同學楊雪。楊雪被他這一撞，差點跌倒，嚇得哭了。

陳文德立刻折回來，慢慢走到她面前，不敢正視她，說：「失禮啦！」說完拔腿就跑。

楊雪氣不過，平常都是她在捉弄陳文德，這次怎麼可以在他面前出糗。楊雪的父親在糖廠開蒸汽火車，是薪水階級，她的穿著就像有錢人家的女孩，不像陳文德出身貧窮，阿嬤撿大人的舊衣縫縫補補給他穿，所以看上去憨憨、土裏土氣的。

楊雪氣得直跺腳，忽然感覺腳下好像踩到什麼東西，撿起來一看，是枝鋼筆。她馬上聯想到，一定是陳文德掉了而不自知。「這下好了！」她收起鋼筆，準備改天一定讓他好好賠罪，才還給他。

陳文德回到家，看到阿嬤已經幫他添好飯菜了，還加了一個蛋。「今天阿嬤給你加菜。我們家的母雞生了好多蛋，我拿三顆來煎，你要吃飽一點才有力氣種田。」

平日，張家的餐桌上多半是醃瓜仔、青菜，頂多加上菜脯蛋，但菜脯多於蛋；逢年過節，想買豬肉來拜拜，還得跟肉攤賒帳，等到賣豬後，再被扣豬肉錢。

想吃魚，要等到中午快收攤時，一個早上被客人翻來覆去、剩下的魚已不怎麼新鮮，特別是夏天，連肚腸都裸露在外，魚販急著脫手，張月趕緊去撿便宜，將剩下的魚全部買回來，煎得又酥又脆，香噴噴的，聞不出一點腥臭味，可讓家人撐過好幾餐。

「阿嬤！老師送我一枝鋼筆，很漂亮喔！我拿給你看。」他打開書包一直掏，將全部書本倒出來，每個角落都找過了，就是找不到鋼筆。

「我明明有放進去，怎麼不見了？」他搔頭一想撞到那位女同學的經過，「一定是那時候掉了。」

碗筷一丟，他跑出門去。

「你要去哪裏？還沒吃飯啦！」阿嬤看他急匆匆地出去，忙不迭地追到門口。

陳文德回到現場，還是找不到鋼筆，只好悻悻然地回家。

不升學去種田

陳文德升上六年級時，大弟、小弟也同時進入小學就讀。每天晚餐後，三人擠在一張書桌上寫字，是他們最快樂的時光。他年年拿獎狀，家裏牆壁早已貼不下；他幾乎不必買鉛筆，還可以分給兩個弟弟。陳文德愛護兩位弟弟，總是將最好的讓給他們，自己拿著他們不要的短鉛筆寫字。

陳文德的好成績，從學校到村裏，人人皆知。但是三個孩子的學費，讓陳其昌夫妻傷透腦筋，每一學期，張月都要想辦法籌錢，常常延誤孩子繳學費的時間。

這一天，下課鈴聲一響，陳文德急著拿起書包要回家，被級任老師郭重吉叫住了。「陳文德，要升初中了，你要繼續升學喔！這張報名表給你，你拿回家給父母簽名好再交回給我，我幫你報名！」

陳文德莫不作聲，拿著報名表匆匆走出校門，「多桑又不認識字，怎麼看啊？」一路上，他心事重重。

年復一年，日日月月，父親總有耕不完的田，從未看過他一天待在家裏，從未看過他笑過，連中餐也是母親提著飯菜去田裏給他吃。

父親辛勤地幫人家種田，換來的米糧也只夠一家子三餐溫飽。

回家後，他將報名表悄悄地放在餐桌上，自己躲得遠遠的，觀察父親看了報名表後，會不會簽名？過了幾天，學校快放暑假了，陳文德鼓起勇氣問父親：「多桑！我想要讀初中，可以嗎？」

陳其昌繼續除草，沈默半晌，才緩緩地說：「你每天跟多桑在田裏工作，你也知道這些田若沒有人做或少做，地主就不會再發田給我們耕種。聽說現在政府要施行『三七五減租，耕者有其田』，希望我們很快能擁有自己的田，這樣一來，收成多少就是我們自己的了！」

聽到父親說很快可以擁有自己的田，是天大的好消息。但陳文德並沒有放棄升學的念頭，只是不敢再追問下去，默默地跟著父親下田，早出晚歸。不過，他告訴自己，「有朝一日，我一定要再上學讀書。」

夏日的清晨，習習吹來的清風，讓整日曝晒在烈日下的種田人家，能微微地吸口清涼氣。鳥兒好像也能感受這美好的早晨，在枝頭唧唧唧地，嬉鬧不停。白鷺鷥趁著人們犁田，一一飛來啄著蟲吃。這時的農田，就如一棵大枕頭，田埂邊迸出一叢一叢鮮黃的金佛花，為這顆大枕頭添上綴飾，形成一幅溫良安靜的農村美畫。

陳文德為牛套上牛軛，往另一畝田耕去。昨天他已經犁好兩畝，由父親插秧中，兩位弟弟也來幫忙，犁田的工作就由他自己來。不知道是人長得特別高，還是他犁田的速度快，牛在他手裏乖順地聽著指令，連隔壁的叔伯都稱讚他犁田是一流的。

常常聽到鄰居對父親說：「阿昌！你阿德年紀那麼小，做的事不輸大人，又那麼會讀書，聽說都是班上第一名？」

「感謝啊！他自己認真打拚是應該的。做事人就是要認真，種田有得吃卡實在，有讀書有認識一些字就好了！」父親都是這樣回答。

「是啊！是啊！不過沒讀冊實在很可惜！」不知道什麼時候，郭重吉老師悄悄來到田埂邊。

「老師——」陳文德看到老師來了，生起一絲的期待和希望，但仍然往前犁他的田。

「陳伯伯，文德很會讀書，要給他去考初中啦！」老師跟著父親在田埂邊走過來又走過去，好意地嘗試說服。

陳其昌還是很堅持，「我們沒有錢可以讓他讀書，我們要種田。」老師實在拗不過父親，也就離開了。後來每個學校都考完了，只剩后里初級農業學校可報考，村裏的人說后里農業學校是在教孩子如何「挑糞」。

阿嬤說：「家裏就有糞可挑了，哪需要去那麼遠的地方挑？」其實阿嬤是捨不得乖孫子去那麼遠的地方讀書，交通不方便，也買不起腳踏車。但其實農校的課業與種田有關，所以村人就說：「阿德已經很會種田了，不需要去讀這『挑糞』的學校！」

陳文德自知，他不是很會種田，只是不做不行。做農的人，沒日沒夜地耕種，與牛、馬沒什麼兩樣。人與牛白天耕田，日晒、蒼蠅沾，晚上去餵牛，牛餵蚊子，蚊子叮牛也叮人，陳文德看到牛很可憐，常常往牠身上一抹，滿手都是血跡，而自己的額頭也被叮得滿頭包，又無可奈何？

有時候餵到半夜，牛才吃飽，牛若沒吃飽，白天沒有時間吃草，任你怎麼鞭打牠，也使不出力氣。

當他知道上學無望時，便將心思全放在耕種上，從耕田、犁田、翻土、鬆土、放水、播種、除草，尤其澆糞的時候，陣陣的糞水味沖進鼻孔，聞到最後，吃飯都吃不出米飯香。

他常聽長輩說：「農家的孩子開始會做事時就要做！」意思是說吃奶

的時候還不懂事，只要斷奶懂事了，就要幫大人做事。雖然只有十三歲，他對自己說：「這個家不能沒有多桑，但多桑更需要我！」所以他樣樣都跟著做。

夏天除兩次草，汗水溼透了衣衫，西北雨一淋，又冷得打哆嗦；冬天稻子長得慢，草長得快，所以要除三次草。當雙腳踩入冰冷的田水裏，有時身上包裹了十二件衣裳，也無法抵禦冷冽的寒風；夏日田水被太陽晒得燙滾滾的，高達四十幾度，雙腳幾乎被燙傷。但也有有趣的事，沒有灑農藥的水窪，到處是泥鰍，他一邊除草，一邊抓泥鰍，回家給母親煮。

農忙的時候，每每看到父親晒得發亮的背脊，汗水溼透破舊的衣衫，滲出滴滴的汗珠。夜裏阿嬤時有時無的咳嗽聲、母親半駝著背做不完的家務事，兩個懵懂的弟弟互搶一碗稀得只剩下水的米粥場面，都迫使他更勤快地犁田。

沒有多餘的時間讓陳文德拾起書本，重溫讀書夢，但他絲毫不抱怨，對未來還是充滿期待，「總有一天，我要讓這個家出頭天！」

既然父母操心的是錢，陳文德開始想盡各種「賺錢」的方法。他到竹林裏剉兩個竹筒，一個存學費，一個儲給家用。

不管幫人牽牛、挑磚塊、除草，或四處去撿破銅爛鐵賣給古物商，陳文德得自父親的真傳——勤奮、認真，不怕辛苦。

農村人情味重，村幫村，鄰幫鄰，和和樂樂，農忙的時候「以工代工」。有時，陳文德到烏日街上人家家裏挑糞回到溪底，人家給糞他出工，挑來後將裏面的竹枝、竹片、樹片挑出來，加水稀釋再潑在稻田裏。

為了賺錢，家裏多養了一頭牛，陳其昌找了好多的田讓陳文德犁，單單幫人犁田就賺了不少工資，一年當中可以犁上十幾甲的田。

此外，農閒的時候，陳文德到工地挑石頭做石墩，一天賺十元。人家到溪裏摸蛤蠣，他摸的是糖廠丟棄的銅、鐵，這些廢棄物都值得幾些錢，所以竹筒很快就餵滿了。

老闆上門求領養

秋收後，農田不再繁忙，村民閒暇之餘串門子，聯絡感情。陳文德家隔壁的張海波在「聚奎居」當掌櫃，他向老闆陳紹宗提起陳文德的成績優異，但因家貧無法再讀書的事。

隔天，張海波陪著陳紹宗來到陳家，大廳一坐，問陳其昌：「阿昌啊！聽說恁沒錢給兒子去讀冊，那來給我做囝，好不？」陳紹宗娶四個老婆，第四個老婆沒有生兒育女，想要領養個兒子。

陳其昌沈默無語，對這突然的造訪手足無措，卻不好意思送走來客。張海波打破僵局，加入勸說：「是啊！去老闆家作人家的兒子，不擔心吃穿，還可以讀書，再好不過了……」

這時，阿嬤按捺不住了，從房間走出來，板著臉孔說：「俗語說：『豬岫毋值狗岫穩，狗岫睏了燒滾滾（豬窩不如狗窩穩，狗窩睡得暖呼呼）』，我們就算喝番薯湯，也不會讓金孫去恁家做囝啦！」

陳文德站在一旁，不敢說半句話。陳紹宗不放棄，站起來走到陳文德前，問：「你來給我做囝，就不用這麼辛苦犁田，吃得飽還能安心上學，將來想讀大學也沒問題，好嗎？」

「恁給我走！阮厝不歡迎你們！」阿嬤氣急敗壞，三步併作兩步，「走啦！誰敢說把我金孫帶走！」陳其昌趕忙拉住氣得快發狂的岳母，擔心她做出對客人不禮貌的動作，張月也從廚房跑了出來，幫陳其昌緊緊抓住母親。

「恁走啦！……」阿嬤又對他們大聲吼。

張海波和陳紹宗悻悻然地離開，「其昌，你再考慮看看，對你兒子對你本人都有好處。」

這個家雖窮，雖破爛，連溫飽都有問題，但對陳文德而言，阿嬤對他的愛，父親對這個家的付出，還有他和兩個弟弟，感念家庭的溫暖，彼此感情深厚，再苦也捨不得離開這個家；尤其他從小跟阿嬤睡，都是阿嬤在照顧他。

有一回，他從溪底走路去彰化找親戚，烏日離彰化約十幾公里，在那交通不便的年代，出遠門都靠雙腳，像是要出遠門的依依不捨，想到只有兩個弟弟在家，沒有人陪他們，就不忍心地想哭，這樣的親情，怎能說捨就能捨呢？

三、日耕夜讀

寒冬逐漸遠離，二月中，第一道春雷響起，稀稀疏疏的雨點，一夜到天明，將大地催綠，百花也露出了新芽。春雨是老天爺送給農民最好的禮物，代表一年豐收的好兆頭。

「阿德啊！昨晚有聽到打雷聲嗎？這叫做『驚蟄』，意思是冬眠的動物要出洞來迎接春天，天氣慢慢變得不冷，我們開始要犁田耕種了！」陳其昌難得的笑容，一早起來便提醒陳文德，一年之計在於春，春耕夏耘，豐收好年冬。

經過一夜的雨水滋潤，大地生氣盎然，枝梗上透出綠芽，草兒也伺機探出頭來，迎接春天的到來。

「多桑，我知啦！我們那一甲多的田先犁，姨丈要種菜的田，我也會幫他犁好！」

一九四九年至一九五三年，臺灣政府實施「三七五減租」、「耕者有其田」，公地放領後，陳文德父子耕種的三、四甲多田地被地主討回，放領後父親分得一甲多，姨丈分一甲田。不分誰的田，陳文德將自己的田犁好後就幫姨丈犁田，他覺得家人間彼此相助是應該的。

姨丈愛種菜，陳文德插秧後，閒暇之餘也幫姨丈澆菜、摘菜、賣菜。才十三、四歲的年紀，陳文德像大人一樣，可以撐起一片天，對耕種流程一清二楚，插秧、施肥、拔草、收割等，特別是施肥的過程，因為土地貧瘠，雞屎、豬屎、家庭的排泄物加溪水稀釋灌溉，都難不倒陳文德，父子倆種的稻田，漸漸有了好收成。

進入中商補校就讀

時間過得真快，轉眼過了五年。因為雨水充足，整片筏子溪底綠油油的稻田，猶如一幅美麗的非洲大草原。陳文德勤於拔草和澆肥，稻禾健康，冒出一株一株飽滿的稻穗。這幾年來，他不眠不休地協助父親做農，臂膀和背脊鍛鍊出一塊塊的肌肉，是家裏不可或缺的壯丁，貨真價實的農夫了。

父親有了他這個好幫手，一有空閒，也去接鐵道工的差事。雖然家裏漸漸有了盈餘，但陳其昌看到有適當的農地，就買下來耕種，開銷依然入不敷出。

陳文德的兩個弟弟都以讀書為主，放寒、暑假時，偶爾才幫忙拔田間的雜草，或牽牛吃草等工作。身為大哥的陳文德，督促他們要以課業為重，好好讀書才有出息，所以真正能幫得上忙的時候，還是有限。

稻米再過幾天就要抽穗了，陳文德對這一期的水稻收成，信心滿滿。他做事認真、善於觀察研究，經他播種的水稻都長得很好。這一天，他正要挑糞去澆肥，迎頭遇上國小同班同學柯清萬。

柯清萬就讀省立臺中商業職業學校補校高中二年級，看到過去成績優異的陳文德辛苦地務農，晒得一身黑黝的皮膚，高瘦挺拔的骨架，幾乎快認不出來了。

他緩緩走近說：「阿德啊！你難道不想再讀書嗎？」

陳文德放下鋤頭，好久沒看到過去的同學，既興奮又有點酸楚，同樣是同學，卻是兩種命運，說不上來的感覺，在內心充溢著。

「想啊！天天去耕種，做不完的農務，我要怎麼去讀書？我若去讀書，阮多桑怎麼辦？我不幫他，誰幫他？兩個弟弟也還在讀書，他們又不會種田，我是大哥，一定要擔起這個責任，他們的學業才不會中斷。」

柯清萬很是佩服眼前這位同學，身為大哥的責任心，犧牲自己，把最好的給別人。他說：「你可以去報考我讀的中商補校，若考上了，晚上讀夜間部，白天還可以幫恁多桑耕種啊！」

「真有這回事？」

有了這個好消息，陳文德很想去報名，找來了書溫習，也拿弟弟張義朗的書複習，終於考上了中商補校。他從初中一年級讀起，這時大弟張義朗也升至初二。

中商補校教的是商業科目，陳文德很珍惜讀書的機會，除了補校的課業，也拿弟弟初中的書來補充自己的不足。他以農事為第一，讀書則排在第二。

田裏的工作多且繁雜，每天忙完幾乎已接近上課時間。父親為他找來一部舊鐵馬，他快速地騎到烏日火車站搭火車到臺中車站。可是，火車常誤點，晚上下課後，他常常等到十二點車子才來，回到家往往已過深夜。

一晚，他匆匆下車後，天色昏暗，四面沒有燈火，只靠月色照路，不小心摔了一跤，全身都是泥沙。遠遠聽到一汩水流聲，他湊近想洗手，才靠近而已，感覺要被一股電波吸過去，一驚倒退了好幾步，手也不洗了，這才驚覺若非機警，荒郊野外，被電死了，也沒有人知道。

陳文德白天忙得沒有時間複習功課，但讀書機會得來不易，唯有利用上課時間認真聽老師講解，說也奇怪，每學期都拿第一名，讓兩位弟弟好生欽佩，工作那麼辛苦還能書讀得這麼好，寫字工整，衣服、書本也都整理得整整齊齊；張月常常告誡兩個兒子要跟大哥學習。

八七水災再次淹大水

「阿昌！聽說有颱風要來，咱們要小心一點，該收的東西收一收，不要像那一年……」岳母一早就叮嚀陳其昌，深怕過去的淹水舊事重演。

一九五九年八月六日一早，東邊山巒刺眼的陽光，躲進厚厚的雲層裏，西側從大肚山頭，片片的烏雲不斷聚集而來，風勢愈來愈猛烈。左鄰右舍通報颱風將來的消息。陳文德和父親到田裏巡田水，該堵住的地方用麻袋裝砂土堵好，並多備一些糧草到牛寮，讓兩頭牛不至於餓著。

傍晚時刻，陳文德再巡看一次家中的窗戶，確定屋子沒有破洞或空隙讓雨水滲進，才安心地讀書、寫功課。

八月七日晚間七點左右，雨開始下，愈下愈猛，大肚溪、筏子溪水位漸漸升高，直至深夜，洪水排山倒海而來，鐵絲籠裝石頭築起的河堤，再也擋不住大水，衝出一個大洞，鐵絲籠河堤應聲倒下，隨著大水流去。惡水漫過民房，茅草屋倒了，稻田泡在水中，一片汪洋大海。

「悽慘嘍！聽說很多地方淹大水，每次鬧水災，天公伯啊都沒有放過我們厝仔村。」村民們唉聲嘆氣，有苦難言。這場水災波及十三個縣市，尤以靠近大肚溪（烏溪）流域的彰化縣最為嚴重，厝仔村位於烏日與彰化縣界，農產損失也很慘重。

暴雨來得猛，但因為地勢低窪，大水去得慢，直到八月九日才逐漸消退，可是厝仔村溪底仍處處積水，可看見鰻魚浮游其上。所幸兩年前，陳其昌在自己的田地上蓋了屋子，全家搬出茅草屋，才免去淹水的夢魘。

不再下雨，溪底的產業道路還是坑坑洞洞、泥濘不堪，連走路都難。然而，溪水淙淙，泥鰍、大魚、小蝦悠游其上，孩童用杈箕（畚箕）抓魚摸蝦，餐桌上多了幾道新鮮的食物，原來，失去也有幸福的滋味。

一天傍晚，一向乖順的牛與陳文德鬧脾氣，走走停停，一畝早就該犁好的田，拖到夕陽下山，眼看天都快黑了，還有兩畦未犁。牛跟人一樣有情緒，累了也想偷懶一下。這頭牛從陳文德手中牽出的深厚感情，他就算心急著去學校，又怎麼忍心重鞭施打呢？真不知該如何是好？

自從陳文德上學後，田裏的工作一樣都沒有少做，陳其昌心疼在心裏。他在另一畝田工作，看到時間已經晚了，兒怎麼沒有回家準備上課的打算，趕忙過來看，才接下犁田工作，讓陳文德快速回家換制服，拿起書包騎上鐵馬，連晚餐都來不及吃，便往學校奔去。

「阿德啊！恁那也沒吃就要去讀冊？」阿嬤不捨地追了出來。可是陳文德像在飛，早已不見人影。「唉呀！讀這款冊這麼辛苦，連吃飯都沒時間，乾脆毋讀好啦！」

陳文德雙肘微彎，加速往前騎去，急踩的雙腳，比跑百米還快。到了學校，自然是遲到了。升上初三，他每每利用課後向老師請教數學的問題。這天下課後，時候不早了，返家經過一段有凹陷爛泥的路段，他沒有注意，連車帶人摔倒在地，手肘擦傷，衣褲上沾滿血漬。

整個晚上，阿嬤很不安心，想著路途這麼遙遠，金孫沒吃晚餐，又趕著出門，「今天怎麼這麼晚還沒回來？……」她屢屢探頭往窗外望。

通常陳文德若回來，遠遠就會叫著：「阿嬤喔……」今晚一點動靜也沒，真把她急壞了，心裏胡思亂想：「會不會發生什麼事啊？才剛下過雨，怎麼辦啊？」

靜謐的夜，一片闃黑，大地如灑上一片黑墨汁，這時陳文德才一跛一跛地出現在大埕，實在太餓了，全身力氣似已用盡，沒有像往常一樣半跑半走，只輕手輕腳地在大埕的一只水桶裏舀水，將手臂上的血趕緊洗乾淨，免得被阿嬤知道，阻止他去上學。

「阿德啊……」阿嬤沒看到金孫回來哪睡得著。她從灶頭拿出為他留的飯菜，還特地多煎一個荷包蛋。

「阿嬤！我又沒有生病，怎麼有荷包蛋吃？」

「憨孫！快吃！快吃！」阿嬤坐在餐桌旁看著他吃完，才安心去睡。

埋下學醫念頭

陳文德的母親張月在烏日街上開一間小雜貨店，批糖果、糕點、鳳梨餅、金紙、香蕉、甘蔗等來賣，並開始信一貫道，吃齋茹素，研究出用麵粉、糕粉做出維妙維肖的雞、鴨、魚、豬肉等素食祭品，減少家畜犧牲。

這棟房子的主人原是開麵店，多人想買，屋主反而賣給沒有錢的陳其昌。他只得四處向人借貸，家裏的生活更加儉省，陳文德白天老實耕地，晚上回去也幫忙做粿。

鄉下地方，主婦們拜地基主（宅神），從商者拜土地公求生意興隆，大年節時不少人家拜天公、媽祖婆等，張月做的素祭品供不應求，白天顧店，晚上做粿，很少有空回到老家來。

張月篤信一貫道後，也向來採買的客人勸素，將她聽來的佛經公案，為他們講因果觀，勸人多做善事，以庇蔭子孫。

兩個弟弟跟著母親住到小店鋪裏，陳文德依然與阿嬤住在厝仔村老家。歲月催人老，阿嬤的身體一日不如一日，每每晚上聽到阿嬤的咳嗽聲，陳文德就無法安心入眠，乾脆跟阿嬤同床而眠。秋末季節，阿嬤的氣喘更加嚴重，他時而要扶阿嬤起來拍拍背，常常折騰得一夜沒好眠。

有一天晚上，阿嬤的氣喘又發了，咳得很嚴重。父親拉來他平日載貨的三輪車，將岳母扶上車，還囑咐陳文德坐在一旁讓她靠著。「卡桑！走！我帶你去給醫師看！」

阿嬤喘得說不出話來，直搖手拒絕。陳文德安慰她：「阿嬤！給大夫看一下就會好許多啦！」深夜了，一路顛簸到大夫家，先生娘回報說，很不巧的，大夫不在家，要他們回家去。陳其昌一直求：「先生娘，拜託啦！您讓我們進去，阮卡桑咳得這麼厲害……」

「我跟你說真的！大夫真的不在家，你們進來也沒有用啊！」

阿嬤愈咳愈厲害，連說話的力氣都沒有，但她仍搖手示意要陳其昌回家去。

「拜託您啦！」陳其昌向先生娘跪了下來。

這時大夫騎著腳踏車剛抵家門，溫聲地問：「怎麼了！進來，進來再說！」他蹲了下來，撿起老人家的鞋子，輕輕地為她穿上。

「他是一位醫師！怎麼蹲下來為阿嬤穿鞋？」這一切都看在陳文德眼裏，非常震撼。

從小到大，他看到父親總是彎著腰，低著頭跟地主講話，即使跟一般人說話，也都半彎著身。父親說：「我們家窮，人家有工給我們做，我們要感謝對方！要努力打拚，才會被人家看得起！像多桑很小的時候，恁阿公就死了，阿嬤又改嫁，我沒有父母照顧和關心，很辛苦地走過來，我很珍惜，也很認真勤奮……多桑才會這麼日做夜做。你是大囝，我對你的期望比較大！阿嬤身體又不好，我也很擔心，常常半夜就氣喘起來，讓人真煩惱！」

阿嬤的氣喘雖然好多了，天氣變化時，老毛病又會再犯。陳文德幼時，阿嬤為他蓋被，現在換他時時照顧阿嬤。阿嬤的身體狀況，他很清楚。萬一一口氣喘不過來，沒有人在身邊是很危險的。母親要帶兩個弟弟，又要忙做生意。從小到大，陳文德的生活都是阿嬤在照應。他常在想：「如果沒有阿嬤，就沒有今天的我。」

鄉下地方求醫不易，看病的花費也不是人人花得起，若只是小毛病，村人就去抓草藥來吃。有時候他小小的心靈夢想著：「如果我是醫師，就可以自己照顧阿嬤了，家裏那麼多人，生病不用去求人，自己醫，該有多好？」才讀初三的他，怎能了解學醫是一條漫長的道路。

初中三年，陳文德成績都保持第一名，洪子明老師鼓勵他參加聯考，說不一定可以考上高中，將來若能考上公立大學，學費比較省。

陳文德二十歲了，沒有多大的把握自己能讀到什麼程度，況且兩個弟弟也同時要讀大學。「父母要負擔三個人的學費，少賺還要多支出，多桑辛苦種田，我一旦去念大學，他少了左右手，就像擔重物的人一時丟了扁擔，該如何是好？唉！」

父親看到兒子以耕田為主業，讀書當副業，每學期的成績還這麼好，雖然自己不識字，總是希望兒子能讀書上進，終有一天不必像他這麼辛苦種田，所以不再因家庭的負擔而為難兒子升學的事。

聯考放榜了，二百八十幾分即能上榜第一志願臺中一中，陳文德考了三百五十六分，不僅高分錄取，還是年紀最大的錄取生。大弟張義朗的成績也不錯，但他擔心自己不像大哥這麼定性讀書，不敢以臺中一中為第一志願，最後改填臺中二中為第一志願就讀。

陳文德白天上課，一放假還是在田裏幫忙農事。從小在田中央工作，與大自然接觸，已經習慣農家單純的生活模式，陳文德不以為苦，當作是生活的磨練。「只要能幫多桑，讀書是靠自己努力用功。」

家中沒有多餘的錢讓陳文德再買第二套制服，所以他一放學回到家，唯一的一套卡其服若被雨淋溼，便趕緊洗刷乾淨，隔天即使未全乾，也照常穿著去學校。

噹噹噹噹噹——火車來了，他踏上車廂，找個位置坐下，拿出書本複習，感覺幸福無比。腦海裏又憶起中商老師的一番話，希望正如老師說的，「三年後能考上公立大學，畢業後就能幫忙賺錢，分擔這個家的經濟。阿嬤年紀大了，要讓她過個舒適的晚年。」

想著、想著，臺中火車站到了，「這三年我一定要很努力打拚……」

四、姻緣天定

火車進站了，震耳的磨軌聲混和長長的「汽——」，火車「空嚨空嚨空嚨——」地，又走了。

火車進站、出站，一天內數不清的來來去去，隨著烏日鄉農村的蛻變，愈來愈頻繁，來了又去，去了還會來。歲月遞嬗，人老了卻再也年輕不回來。

阿嬤自知會一天一天老去，金孫陳文德有書讀很滿足，除了下田，就是在書桌前用功。女婿陳其昌一個人做兩個人的工作，沒有一刻歇腳，女兒忙著雜貨店的生意……這個家總要有女主人理家，才像個家。

鄉下地方，男大當婚、女大當嫁是天經地義的事。老阿嬤是陳家的精神支柱，她辛苦撫養長大的陳文德，好不容易盼到他適婚年齡。一個風和日麗的早晨，阿嬤的心情就像枝頭的鳥群，不由得跟著雀躍。她叫來女兒、女婿，說：「阿德長大了，你們做人父母的，可有什麼打算？」

夫婦倆一下子不明白母親的意思，默不作聲。阿嬤接著說：「阿德二十歲了，我想，該讓他娶某了。」張月舌頭像打了結，心裏想兒子還在求學階段，給他娶親會不會被同學笑？然而面對自己的母親，她不敢當面反對老人家，而陳其昌像在罰站，不敢吭一聲。

阿嬤對著女兒說：「當年，你和那位好姊妹的約定，一個若生查甫，一個生查某的，長大就結為尪某。還記得嗎？現在孩子都大了，該嫁娶的時候了。你們整天忙到晚，恁敢有想到這一點？家裏的事總要有人做，至少要娶某來做代誌，找一天去伊厝內講看麥！」

張月這才想起這段往事。一九三九年還在八年抗戰期間，天邊的戰鬥機、高射砲比白雲多，空襲警報照三餐鳴叫，炸彈像落雨，村民一天要躲好幾次空襲，常常工作到一半，就要衝進防空壕，有時婦女正在廚房忙，手上都是菜葉，有的男人在田裏拔草，腳上沾滿泥巴，有的手臂被糖廠的鐵屑濺得一身黑，也都鑽進防空壕裏。

戰亂時期，誰都無法料想是否會有明天？張月挺著即將臨盆的肚子也擠了進去，好姊妹江慰懷著身孕，兩人剛好差六個月。江慰的阿嬤說：「你們兩個從小一起長大，感情像姊妹，如果將來一個生男的，一個生女的，親上加親，豈不是更好！」

「好唷！好唷！還是阿嬤有智慧，提早幫晚輩打算。」眾人忘了戰爭的苦，左鄰右舍的喜事，也是整村的喜事。在眾人附和下，這樁好事在雙方點頭微笑中，就這樣定了下來。

時間過得真快，轉眼間二十年過去了。

「不過——阿德還在讀書，他不知道肯不肯？」張月擔心陳文德不願意這麼早結婚。

「不肯也要肯。這個家難道我現在說話都不算數了？」阿嬤板起臉孔說話，陳其昌縮著肩，沒有表示任何意見。

「好啊！要不，我們找一天去楊家……」張月雖嘴裏這麼回，心裏卻很矛盾，然而她了解母親的脾氣，如果不順從，就是不孝。

女不嫁男不婚

夏末秋初，天氣不再悶熱，稻穗隨著飄搖不定的秋風，時而往東，時而往西，鳥兒迎著涼爽的秋意，雀躍地在枝椏間跳躍，似有喜事將來到。

張月母女選了一個天氣還不錯的早晨，來到楊家。

楊先生不在。張月說明來意，楊太太江慰深知這個時刻好姊妹來的用意。她已聽聞村裏的人稱讚陳文德上進和孝順，先生回家也跟她提起過。

「咱頭家剛好不在家，我還是要問過他，並問問女兒的意思。」

「希望得到你們的好消息！」離開前，阿嬤迫不及待地再次交代。

「伯母！您放心啦！我們會盡快回你們消息！」

母女倆離開沒多久，楊村石從糖廠下班回家，將腳踏車停放好，走進客廳，看到客廳兩雙客用的拖鞋，排得整整齊齊，便知有客人來過。

「咦！誰來我們家了？」

「你猜猜看啊！」

「我猜猜！我沒有你巧（聰明），哪猜得出來！是誰這麼神祕？」

「是陳文德阿嬤和媽媽來提起以前約定的那件事！」

「這是好事啊！當然好啊！」

江慰說：「不是我們說好就好了。總要問問阿雪的意思吧！現在的年輕人跟我們以前畢竟不同時代了。」

楊村石欣悅地說：「沒問題！一定沒問題的！」雖然陳家窮，不過孩子上進、功課好又勤快，他常在村裏走動，村人都讚歎，能將這門親事早早圓滿，再歡喜不過了。

「什麼事情沒問題？」兩人正聊著，楊雪剛好下班進家門來。

「你今天卡早喔！」

「今天發薪水，早一點回家。媽媽，薪水袋給你。你們剛剛在說什麼一定沒問題啊？」楊雪急著問。

「今天誰來我們家，你知道嗎？」媽媽將來龍去脈說給楊雪聽。

「怎麼可能！我不要嫁啦！我要工作，我要賺錢。還嫁給同學，多不好意思！」楊雪說不嫁，當然有她的理由。那感覺是好久以前的事了，小一到四年級她和陳文德同班，小孩子天真、單純，很自然地大家都會玩在一起。

農業時代，楊村石有穩定的糖廠差事，按月領薪水，不用擔心刮颱風、淹大水，比起那些整天晒太陽、辛勤耕種的人家，辛苦留下的汗水還換不了溫飽的三餐，楊雪的穿著比一般農家子弟好多了。

楊雪不是嫌陳文德穿得一身破爛，但就是喜歡捉弄他，愈是這樣，同學間愈是起鬨，「楊雪是陳文德的。」他們也不知道為何同學會這麼說。

雖經父母好言相勸，楊雪堅持認為太早了，她還要上幾年班再說。

陳文德上了高中，課業比初中時期明顯重多了。父親又買了好幾畝田，有時一個人做不來，就請鄰居幫忙。陳文德每天回到家，依然先到田裏幫父親犁田、除草。父親省錢買地，家裏的生活一樣拮据，餐桌上的飲食依舊是青菜、菜脯、鹹魚、豆腐乳，偶爾才煎個荷包蛋。

自從去楊雪家回來，阿嬤心心念念在等待好消息，左等右等還是等不到。男大當婚，女大當嫁，想當初她到張家作養女，十五歲就嫁給張環，現在的人十八、九歲還不想嫁娶，她怎麼想都想不通。實在等不及了，她將女兒、女婿和陳文德叫到廳前，直接當著他們夫妻的面向陳文德提出成家的要求。

「結婚？阿嬤，我還在讀書啦！怎麼能結婚？」張月早料到兒子會有這樣的反應。

「阿嬤年紀大了，身體不好，家裏的工作沒人做！」阿嬤心急了，使出苦肉計。

「阿嬤！我不能現在結婚，才上高中，我還要讀大學。」平日阿嬤怎麼說，陳文德從未回嘴，從沒說過「不」，但是這件事，他認為有點啼笑皆非，還在讀書就結婚，會被同學當笑話，再說畢業後可能又要讀大學。

「阿嬤！結婚的時候還未到啦！」陳文德忍不住，提高聲浪堅持，嚇壞站在一旁的父母。

「你說不要就可以不要嗎？阿嬤的話你不聽了是不是？還是我在這個家連說話的餘地都沒了？」阿嬤漲紅著臉，淚珠跟著滑落。張月夫婦忙趨前安撫。

陳文德不敢再出聲，雙膝落地，也哭了，「阿嬤啊！」

張月夫妻跟著跪下，惹老媽媽生氣，是最大的不孝。

怕阿嬤遺憾

楊雪日日快樂地照常上班、下班，她不用協助農事、不必做家事，有時和表姊騎著腳踏車沿著田埂、河濱、海邊閒逛，無憂無慮，愜意自在，壓根兒都沒想過嫁人的事。

媽媽不時地探問她：「你到底在挑什麼？人家的長輩那麼好，你在等什麼？」楊雪說：「我又沒在挑，只是還不想這麼早結婚。」沒讓媽媽繼續往下說，她轉身就離開。

楊雪在家排行老大，底下雖有兩個弟弟和三個妹妹，但她自由自在上班，有薪水可領，反倒是結婚後要擔起一個家的責任，她真的很不願意。

她不是沒想過，但內心總有揮之不去的顧慮，「陳文德書讀得那麼好，自己只有小學畢業，將來我們是否相配？再說，我又不會種田，怎麼當人家的媳婦？」

陳文德這邊，阿嬤、母親一直託人到楊家了解狀況，始終得不到好消息，乾脆找媒人介紹，但陳文德執拗著不肯去相親，母親只得找二兒子張義朗協助他去看對方女孩子長得如何？甚至有一次，還騎車到彰化海口去說親，曾經被錯認為要娶的人是張義朗。

一個冬日的夜晚，冷風從溪底夾帶著寒意呼呼吹來，寒氣從門窗的隙縫吹入屋內，阿嬤的氣喘又發了，咳個不停。母親答應隔天要交一批紅龜粿給一戶辦喜事的人家，還在雜貨店裏忙著，父親也去幫忙，家裏只剩陳文德和阿嬤兩個人。

陳文德在餐桌上看書，聽到阿嬤的氣喘聲，一顆心無法安定專注，起身去幫阿嬤捶捶背。「阿德啊！阿嬤跟你說，阿嬤的身體一天不如一天，如果有一天我走了，看不到你娶親生子，會很遺憾的。」

「阿嬤啊！你不會死啦！你不會死啦！我要當醫師醫你的病！」

「唉唷！憨孫，你知道當醫師有多難嗎？要很久很久。聽阿嬤的話！快娶新娘過來。那位楊雪不是你小學同學嗎？你又不是沒看過她，說不定現在長得跟以前不一樣了。你都沒去看就說不要！」

陳文德想起小學和楊雪同班，她活潑亮眼，穿戴整齊，不像他總沒有一件像樣的衣裳，但不知怎麼回事，楊雪總喜歡三番兩次捉弄他，害他被同學笑，「楊雪是誰的？文德的。」小孩子彼此嘻鬧著玩，哪懂得「誰是誰的」的意義？陳文德除了認真讀書，腦海裏盡是打轉著如何賺更多的零用錢幫忙家計。

他扶阿嬤起來坐著，將被子拉高，抵擋一些寒風。阿嬤繼續說：「你想想看！像現在，恁卡桑、多桑都在店裏忙，如果以後你畢業去外地讀書了，留阿嬤一個人在這裏怎麼辦？你多桑的田那麼多，要有人煮給他吃啊！請工人來幫忙做，也要有人煮點心給他們吃，阿嬤真的老了，做不了那麼多。」

「阿嬤！不要說這麼多話了，你很喘欸！」

「你若知道就好。娶某來幫忙家裏做事，這沒有什麼不對啊！」

「阿嬤，你不知道啦，她足恰（凶）！小學時，她常欺負我！」

阿嬤說：「唉唷！你是男生，還怕被欺負啊？她恰才好，恰才會持家。」陳文德悶不吭聲。他想，這個家的確需要一個隨時照顧阿嬤生活起居的女主人，母親雜貨店的生意太忙了，父親都在田裏耕作，這個家需要經濟支柱，也需要人手……

陳文德不敢再往下想，岔開了話題。「阿嬤，你先睡了吧！我還有一個課文要背，老師明天要考試。」阿嬤說到累了，躺下馬上打鼾，陳文德才安心地回書桌背書去。

中旬剛過，窗外的月色分外明亮，從溪水吹上來的冷風，輕敲著窗戶嘎嘎響。厝仔村的村民漸漸搬遷到烏日街上買房做小本生意，父親因為種田的關係，還是跟阿嬤住在這間老房，下田收成都方便，而陳文德一直與阿嬤生活在一起，十幾年來相依相惜，比父母還親。

想著阿嬤剛剛說的一番話，他實在不知道該怎麼決定是好。「我的年紀比同學大五、六歲，常常有代溝，如果大家知道我要娶某，要怎麼向他們解釋啊？」他回過神來，時候不早了，趕快聚精會神背書要緊。

打開課本，「伏惟聖朝以孝治天下，凡在故老，猶蒙矜育，況臣孤苦，特為尤甚。且臣少仕偽朝，歷職郎署，本圖宦達，不矜名節。今臣亡國賤俘，至微至陋，過蒙拔擢，寵命優渥，豈敢盤桓，有所希冀！但以劉日薄西山，氣息奄奄，人命危淺，朝不慮夕。臣無祖母，無以至今日，祖母無臣，無以終餘年。母孫二人，更相為命，是以區區不能廢遠。臣密今年四十有四，祖母今年九十有六，是臣盡節於陛下之日長，報養劉之日短也。烏鳥私情，願乞終養。」那天的國文課，老師講到李密的〈陳情表〉，還特別強調李密的孝行是世上少有。

陳文德重複念著：「臣無祖母，無以至今日，祖母無臣，無以終餘年。母孫二人，更相為命，是以區區不能廢遠。」念著念著，書頁竟然溼了一片。

「是啊，都是阿嬤在照顧我。冷了、餓了、病了，有阿嬤在身邊，如果沒有阿嬤的話，可能沒有我，我是不是很不孝？」

想起兒時，每當他回家晚了，阿嬤會站在門邊望啊、看啊；一回來，阿嬤將煮好的稀飯和荷包蛋端出來，尤其生病時，阿嬤還會親自端到床前餵他吃。

「我怎能失去阿嬤！如果沒有阿嬤的……『無以至今日……母孫二人，更相為命，是以區區不能廢遠』！」陳文德邊背書邊哭，啜泣聲驚醒了阿嬤，「文德啊！你還不去睡？」

「好啦！快讀好了！」

是時候了

這一天，楊媽媽在餐桌上又提醒楊雪：「我跟你說，嫁人最重要是嫁到好婆家，我知道他們做人很好，長輩好。常聽人家說，某某人嫁過去，公婆像在待傭人一樣，那就一輩子受苦了。你的對象又上進，就不要再挑了啦！」

「對啊！你卡桑說的對，父母不會害你的！」楊村石加入勸說。

楊雪明白這個道理，眼看很多同樣十八、九歲的同事已經做媽媽了，唯獨自己還在猶豫，既然早晚要嫁，陳文德的人品的確沒得挑，離娘家又近，也就不再那麼堅持，沒說好，也沒說不好。

「我回陳家話去嘍！」媽媽了解女兒，是時候了。

春日到來，鳥語花香，田野上小黃花、粉色花、白花、紫花燦爛奔放，紫斑蝶、黃斑蝶、枯葉蝶、小白蝶，還有細蝶，雙雙對對，蹁躚飛舞，輪班出馬，蜜蜂不甘示弱，嗡嗡嗡地，爭先恐後沾花蜜。

田陌間秧苗生氣盎然，大地一片翠綠，溪水淙淙，魚兒悠游，連鳥兒也在枝頭上啾啾啾，呼朋引伴，唱起山歌了。

天地萬物各有因緣，人與人之間姻緣牽繫而結合。陳文德基於孝順，不再堅持，由父母陪伴選定一個假日到楊家提親，將婚事定了。

陳其昌平日都穿著做農事的簡單衣裳，這日特地穿戴嶄新的衣褲，老感到全身不對勁。張月將頭髮梳理高，原本就高挑的身材，梳起髮髻更顯得氣質高雅。

楊雪身著粉色的洋裝，公主頭髮型，特意別上與洋裝同色系的髮夾，羞答答地低著頭，捧出茶點招待來客。陳文德坐在父親旁邊，一雙手不知往哪兒放，不停地在大腿上擦拭手掌心冒出的汗。

楊雪緩步端出茶盤，遞到準公婆面前，抬起頭來，剛好與陳文德四目相望，她愣住了，眼前這未來的丈夫，長得一表人才，可能受書本的薰陶，斯文有禮，跟她小時候的記憶完全不同。陳文德也回以淺淺的微笑，這位愛作弄他，曾被他認為「恰北北」的同學，女大十八變，端莊賢慧的模樣，他打從心裏歡喜。

雙方父母哈哈地笑：「這真的是姻緣天注定啦！從此以後，我們是親上加親，親家了喔！」

五、決定重考

一九六一年初，陳文德二十二歲，剛上高一第一學期，他和楊雪走上紅地毯。

結婚後，楊雪從一個父母護翼下的寶貝女兒，搖身一變為人妻、為人媳、為人嫂又如母的角色。陳文德教她犁田、插秧、放田水、除草、施肥等他做過的所有農事。

楊雪不再像小學時期，愛與陳文德嬉鬧，轉換身分後，態度跟著一百八十度轉變。陳文德教她做什麼，她就順從地學著做。她敬夫如父，孝順阿嬤、公婆，代替婆婆照顧兩位正在求學的小叔生活起居。

清晨三、四點，雞還未啼，她即起床，燒柴做飯，準備丈夫和兩個小叔上學的便當。一個一個送出門後，端飯菜放在阿嬤的小桌，免得她走動又氣喘。

阿嬤吃早餐時，她轉身牽牛去吃草，將牛繩放得長長的，讓牛自由自在地嚼草，再去割一些草放回牛寮，清除牛屎，洗衣服、做家事，煮點心到田裏給公公和工人吃。

田裏欠人手時，她拉起褲管跟著下田；中午，怕牛走丟了，煮好午餐又再去巡牛，兩隻腳把地面的坑洞都踏平了……日復一日，楊雪就像不必設定的鬧鐘，時間一到該做什麼，她一刻不差地，一樣也沒少。

溝水涓涓流淌，清澈見底，一早村裏的婦人不約而同地在此「約會」。楊雪兩桶滿滿的衣服比其他人都多，鄰居婦人總喜歡開她玩笑，「阿雪啊！你好像在開洗衫店喔！」

婆婆整日忙著小雜貨店的生意，無暇顧及兩位小叔三餐，張義朗和小弟陳金水成喜歡回到溪底的老家，有熱熱的飯菜吃，乾淨的衣服穿，肚子從沒餓過，穿戴比以前整齊，總覺有這個嫂嫂真好。

陳文德忙著準備大專聯考，回到家仍不敢放鬆精神，日夜書不離手。自從三七五減租、耕者有其田、公地放領政策之後，農民有了自主權，往昔靠勞力耕種，只能養活一家子，窮還是窮。擁有自己田地的人家，依然窮困，但只要肯努力，都有少分的收穫，生活漸漸豐裕了，街上的商店跟著熱絡起來。

自從陳文德娶妻後，阿嬤感覺日子踏實多了，身體漸漸硬朗，雖然氣喘的毛病還是有，多少分擔些孫媳婦的家務事，並教導她持家、煮三餐。

一年後，大兒子陳榮祥呱呱落地。張月小雜貨店的生意愈來愈忙，阿嬤喜獲曾孫，堅持自己下廚為楊雪坐月子。楊雪學得快，動作俐落，滿月後，背起兒子，操持家務；兒子哭的時候，她抱到胸前餵幾口奶，兒子滿足地睡著了，她又能繼續做事。

從清晨到深夜，如陀螺一樣，該轉的轉數，轉完才會停下來。家事、農事一樁接過一樁，不知晨昏是何時，常常整晚被孩子哭鬧得無法入睡，只好抱到屋外搖著睡，霎眼間晨曦已降臨，又是忙碌的一天。

沒錢不敢填醫學系

一年時光匆匆地過去了。一九六三年春，陳榮祥慢慢會爬、學站了。陳文德忙著應付即將來臨的聯考，無暇顧及孩子咿咿呀呀可愛的模樣，楊雪總是將兒子背在身上，不讓他吵到丈夫讀書。

寒冬看似已過，春天的腳步躍上枝頭，爬上窗櫺，可是春寒料峭，細雨紛飛，忽冷忽熱，孩子不時兩行鼻涕掛在嘴沿，楊雪一邊餵孩子吃稀飯，一邊為他擦去鼻流，自己扒兩口飯菜，又繼續未完成的家務事。

阿嬤氣喘的毛病時好時壞，陳文德常在半夜被她的咳嗽聲驚醒。離聯考還有四個多月，想讀醫科的念頭，一直在腦海裏打轉。以他優異的成績，考上公立學校不是問題，但是「聽說學費就要十幾萬？」

他想：「多桑買一甲地不過是一、兩千元，家裏老小的生活家計還要靠父親一人種田，我哪敢去讀醫？」老師分析過，如果讀臺北工專，學費才一千多元，三年畢業後，服完兵役，回來馬上可以就業賺錢。

八月，聯考放榜了，正如大家所料，陳文德的成績甚至可以上中國醫藥學院，不過他為了節省學費，選擇了臺北工專工業工程科。

這時，楊雪又懷了第二胎，上臺北入學的時間快到了，陳文德面臨第一次離家，內心五味雜陳，酸甜苦辣全湧上心頭。

這一天，楊雪將他幾件衣服和日常用品打理好。夜空清朗，點點星星綴滿天際，陳文德來到阿嬤房裏，拿起一件長衫為阿嬤披上，依依不捨訴離情。

「阿嬤！你自己要保重！晚上如果比較涼了，記得穿件長袖的啊！」

「你不用擔心阿嬤，倒是你，沒有阿嬤和阿雪在旁邊，凡事都要自己打理，不要讓阿嬤為你擔心啊！讀書雖然重要，你也要懂得照顧自己。」

阿嬤疼孫如常，即使陳文德已是一個孩子的爸了，在她心目中，依然是未長大的金孫。

「阿嬤！我一定會認真打拚，將來賺了錢，讓你過好日子。」陳文德像小時候一樣，依偎在阿嬤身旁。夜深了，涼風一吹，阿嬤又開始「咳咳咳——」，陳文德伸手撫著阿嬤的背，讓她舒服些。「阿嬤！我有辦法讀醫科，當醫師照顧你的身體！」

阿嬤「唉——」長嘆一聲，「我不知道能不能活到那個時候唷？這個溪底就是溼氣很重！」

提到溼氣，陳文德翻動記憶匣子，那棟他住到二十歲，因為再次淹水才搬走的茅草屋。他記得每次刮風下雨時，雨水滴滴答答，尤其颱風要來前，他和父親得爬上屋頂，用繩子把屋頂綁好，再壓上石頭或木塊，怕屋頂被風吹走。

茅草屋的地板是用泥土隨意砌成，凹凸不平，常常積水，溼氣又重，蟑螂、蚊蟲最愛棲息。晚上夜校下課回到家，他門一打開，一整屋的蟑螂受到驚嚇，整群黑壓壓的一起移動，老鼠也出來逃竄湊熱鬧。

輾轉二十幾年過去了，這個家已是四代同堂，陳文德不斷囑咐自己，將來他這個長子，一定要負起照護全家人的責任。

重考上醫科

火車「汽嗆——汽嗆——」，前後左右噗噗噗地響著，沿著鐵軌慢慢滑出陳文德生長二十幾年的故鄉。隨著熟悉的一草一木漸漸往後退去，過往的阡陌歲月，頓時點滴浮現心頭。不捨也得捨，此時此刻他只有放下所有牽掛，勇往直前，擔負起這個家的未來重責。

車上不少學生跟他一樣，帶著行李負笈北上，有的對坐玩起撲克牌，嬉鬧著，不像他心事重重。菜販擔菜準備去趕集，婦人背著幼兒，懷裏還抱著一個……他想起楊雪的淚水，那拭不去的思念，只能窩藏心底。放下這一家老小，陳文德忍不住淚水滴落，趕緊低頭擦拭，打起精神，努力迎向希望的未來。

楊雪依然從早忙到晚，無暇思念丈夫。除了家務，她告訴自己一定要將阿嬤照顧好。自從嫁到陳家後，看到陳文德對阿嬤的殷勤至孝，她非常感動。家人還未上桌前先端飯菜給阿嬤吃，陳文德遠去臺北讀書，她更加倍服侍阿嬤，連他的孝心一起奉上。

三個多小時終於抵達臺北車站。車站門口，三輪車來來去去招攬生意，忠孝西路兩邊多是木製的矮房，像失序的積木。引人注目的是，高聳矗立的北門城門，門口兩側各種不同的商店，日用品、燒餅、油條、山東饅頭，引起陳文德的味蕾蠢蠢欲動。

但他並不打算久留，讓肚子逕自咕嚕咕嚕地叫，拿出水壺，連喝兩口，讓胃有飽足感，省下一餐是一餐。

他問了路人，臺北工專離車站並不遠，走路半個小時就會到。

第一學年，陳文德住進臺北學苑，同住宿舍的有醫學院的同學。讀工科對陳文德來說並不困難，但他心心念念，沒有忘掉學醫的願望。

一次，他和同宿同學閒聊時，好奇地詢問醫學院的學費，同學說：「我們的學費兩千多！」

「真的嗎？」比臺北工專的學費多出一千元而已，陳文德原以為要十幾萬。這下讓他重新燃起學醫的希望光芒，決定重考轉醫科。

一九六四年五月，春天的腳步遠了，北部的天氣不再溼溼冷冷，亮麗的陽光穿透薄薄的雲層，帶給大地一片暖意，萬物欣欣向榮。

中部烏日，深夜，大地一片寧靜，蟲聲唧唧、蛙鳴合奏，窗外一輪明月照進楊雪的床頭，兒子正熟睡著。突然間，她的肚皮被一陣陣像波浪漲潮退潮地翻攪，劇痛無比。

有了第一胎的經驗，楊雪意識到孩子應該要來報到了。只是以前有陳文德在身旁，此時除了一身是病的阿嬤，自己一人該怎麼辦呢？

「唉唷——唉唷——」她擔心吵醒阿嬤，本想忍著陣痛，但實在痛得不由自主地喊出聲，驚動了熟睡中的阿嬤，叫醒張義朗：「阿朗！快去叫產婆！」

張義朗才騎上鐵馬出了大門，嬰兒已「哇——哇——」地衝破母體，等不及產婦的到來。

張義朗請來產婆，幫忙打水、燒水，清洗地上的血漬。

楊雪產下一名女嬰，精疲力竭，嬰兒吸不到奶水，哭鬧不停。阿嬤忍著氣喘，泡了糖水，微微滴進嬰兒嘴裏，小嬰兒才漸漸睡去。（註：一歲以下嬰兒，腸道未發展成熟，蜂蜜中含有肉毒桿菌孢子，即使少量，仍會寄生腸道，產生毒素，嚴重時會造成嬰兒猝死症。）

「叮噹——叮噹——」下課鐘聲一響，陳文德拿起書本，快步走出教室，趕回宿舍，馬上接著晚上的家教課。看到宿舍信箱露出信封一角，他很興奮，肯定是家裏的來信。果不其然，是大弟張義朗，他迫不及待地打開信。

「哥哥！嫂嫂昨晚生了，是女孩，一切都好，勿掛念！聽說你要重考轉醫，加油了！你一直是我們的榜樣，一定會考上的。」男孩子寫信，總是三、兩句就結束。陳文德很感謝大弟，這一年在家，替他看頭顧尾。但張義朗並沒讓他知道嫂嫂這次的生產，血流如注，還好產婆即時來到，剪下肚臍，止住血，挽回一命。

六月底學校放暑假，為準備七月重考，只剩一個月時間，陳文德無暇回家探望她們母女，留在臺北學苑，重拾高中課本做最後衝刺，僅短短地回信給大弟，信尾不忘交代楊雪，要多照顧阿嬤，早晚為阿嬤添衣。

聯考後，他回到烏日家中等候消息，順便看看孩子。

身為兩個孩子的父親，才要踏入人生的新旅程，未能為這個家分攤絲毫的力量，心中總有諸多的矛盾，陳文德唯一能做的，就是利用暑假為多桑多做些農事。

楊雪一手牽著兩歲的兒子，懷裏抱著剛出生的女娃，該做的事仍然一樣沒有少。母親捨不得女兒如此操勞，時時過來幫忙。農忙收割時，苗栗苑裡姑姑找了十幾個婦女來協助割稻、篩稻、晒稻，一天連同點心共五餐，就得靠母親打點。

八月底，好消息傳來，陳文德如願考上臺北醫學院醫學系。他非常歡喜，揮別家人再次北上。

大一、大二時，藥學系、牙醫和醫學系兩、三百人擠在同一間教室上共同科目，一位難求，陳文德深怕漏掉課程內容，一大早就到教室找個近距離聽課的位子。

在臺北求學這段期間，他食不求飽，居不求安。早餐以饅頭、豆漿果腹，午、晚餐吃的是路邊攤，餐餐簡單粗糙的飲食，常讓他飢腸轆轆；晚上即使想看書，卻因長時間營養不足，眼睛乾澀得睜不開，書也讀不下去，索性早早就寢。

為了省錢，陳文德租住於偏巷小屋。後來，房東請他為孩子補習，自願免收房租費，時而還留他在家裏用餐。

陳文德長這麼大難得嘗到香噴噴的丸子湯，人情的溫暖深烙內心。小時候阿嬤曾經對他說過一句話：「不要看輕別人，因為圓人會扁，扁人會圓！」那真像這位房東的為人，陳文德一直感懷在心。

人生就像一段美妙多層次的旋律，在時高時低的跳動音符中完成生命的過程，沒有人能預知未來的命運。父親一生勤勞打拚，以地瓜簽、菜脯、鹹魚佐餐過日，買下屬於自己的田產，原本打算讓陳文德接下，沒想到他能踏上學醫之路，心中甚感安慰，另外兩個兒子也都上了大學，三個人的學費，讓父母的肩頭更重了。

張月向人多買了四、五頭小豬來飼養，陳其昌參加村裏兩個「稻穀互助會」，標稻穀籌學費。有時一期沒標上，但他向來誠信待人，人緣佳，向農友賒稻穀下田或周轉現金，村民都樂於助他一臂之力。

陳文德在醫學系的課業愈來愈重，然而，大學生參加舞會、郊遊是常態，對陳文德來說，沒有多餘的本錢娛樂，除了家教，課餘之暇就到圖書館找資料，獲取更深的醫學知識。

每次回到家，他看到父親背脊愈來愈彎，阿嬤的氣喘沒有好轉，總是心急如焚，不能為父親分憂解勞。他心想，唯有盡快完成醫學院學業，才能減輕父親的負擔，也能為阿嬤醫病。

馬偕醫院實習

時光匆匆，臺北市商業發展迅速，一幢一幢十幾層樓、巨大的建築物漸之豎立街道兩旁，把巷弄變狹隘了，人、車都縮小了。三輪車，因為一九六八年政府的政策，全面被計程車代替。中山北路是臺北最早開發的道路，日治時代留下的樟樹、楓樹，加上近年來新興的街景不斷冒出，如春天的花朵紛相爭豔。

每當華燈初上，五彩繽紛的霓虹燈，閃閃爍爍，讓人看了眼花撩亂，這情景與陳文德剛來臺北時相比，宛如兩個世界。

醫學院的課業已經進入第七年，陳文德以優異的成績，選定到馬偕醫院實習。那是間有規模的教學醫院，可學習更多的臨床經驗。

報到的第一天，陳文德穿著一件破舊的襯衫，衣領因長時間摩擦刷洗，有些破損，他捨不得扔掉，特地請房東太太車縫補過，領子上多了幾條車線，反而堅挺耐穿。

一件穿了七年的夾克，已經褪色、樣式過時。他省吃儉用，三餐能正常吃飽已是奢侈，更別說添購新衣。這幾件衣服雖舊，經他刻意熨燙一番，穿起來還算挺拔，只要整潔實用便利，是否符合時代潮流都不重要。

一早，他拿著一個外表已是斑駁的手提袋，裝著簡單的換洗衣物、盥洗用品，另一個皮箱塞著心愛的醫學書籍，就是全部家當。七點未到，他即抵達醫院。經過一個長廊，行色匆匆，與一位清潔阿桑碰個正著，請教她：「阿姨，請問要去哪裏報到？」

阿桑不分青紅皂白，見他一身如工人素樸裝扮，劈頭就說：「你今天剛來的唷！這個水桶給你拿，跟我走。」

憨厚的陳文德，不知道實習醫師要做什麼？覺得幫阿桑拿個水桶理所當然，但其實自己已經手忙腳亂，索性將手提袋疊在皮箱上，單手提著行李，另一手拿著水桶跟她走，走著走著，來到病房區。

阿桑一直忙著她的清掃工作，憨厚的陳文德不好意思再開口問：「不是要帶我去報到區嗎？怎麼……」他吞下疑問，靜靜等候。

阿桑約莫忙到一個段落，眼看就快八點了，他終於有機會告訴阿桑，他是實習醫師。阿桑手蒙住嘴巴，笑著說：「不好意思啊！你怎麼不早說，我還以為你是……我等一下帶你去報到的地方。這裏這麼大，你會找不到。」

因為這樣的個性，陳文德的人緣特別好，跟上上下下的同仁相處非常融洽。

他從急診室開始實習。馬偕醫院的病患，如來來往往的計程車，接續不斷地穿梭，在當地大醫院不足的當下，常常一床難求。

陳文德住進醫院宿舍，每當深夜，即使已經下班，只要聽到急促的救護車「喔——咿——喔——咿——」鳴笛聲，他就來到急診室，跟著醫護人員到門口接病患，了解急診病人的狀況，幫忙量血壓、測體溫等前置作業，然後觀察主治醫師如何處理患者，留下滿滿筆記本的記錄，常常整夜沒能好好地睡上一覺，卻是收穫特別多。

年輕是本錢，殷勤老實的本質，獲得護理師和工作人員的愛戴。他細心跟在主治醫師旁學習，從急診室、加護病房、內科、小兒科、婦產科，一步一步深入臨床領域；晚間，其他醫師都下班回家，他拿出當天的筆記紀錄，反覆對照醫學科目，再到其他科學習，或到病房區閱讀病歷。

「陳醫師！陳醫師！急診那邊需要人手，你可以過去幫忙嗎？」

「陳醫師，晚上護理站沒有醫師值班，可以麻煩您過來協助嗎？」

「陳醫師！小兒科晚上需要人手……還有外科！」很多護理師都知道這位「陳醫師」住在宿舍裏，方便求救。他人緣又好，親和力強，有求必應。因此實習一年當中，內科的護理人員幾乎都知道「陳醫師」熱心、細心又有愛心，是個好醫師。

秋末冬初，雨水減少，塵土飛颺，早晚溫差大，阿嬤的氣喘又患了。前一晚，一直咳，咳得滿地都是血。一早，楊雪趕緊跑去田裏找人，「多桑！阿嬤昨晚又咳出血了！」

「快快，我去拔紅田烏，拿回去洗一洗，攪汁給阿嬤喝下去；這種草可以止血。」不知道這草是不是真的能止血，阿嬤果真有一段時間不再咳血了。

「阿嬤！我回來要跟你報告個好消息，我現在在馬偕醫院實習，再一年後就有薪水可以拿了！我真的要做醫師了！」兩個小女兒懵懵懂懂，聽不懂她們的父親在說什麼是「醫師」，但又感到這個「阿爸」很不一樣。

楊雪每兩年生一個娃，媽媽憐惜女兒一個人要帶五個孩子，長孫女阿珠斷奶後，就接回家裏住。外婆將她打扮得漂漂亮亮，家中有了幼兒嘻笑聲，外公下班回家就逗弄著她玩，臉上多添了幾許皺紋，好不快樂！

「你要當醫師了，恭喜你！那以後如果阿嬤要看你，是不是愈來愈困難了？」

「不會啦！我雖然忙，但會常常寫信回來。阿嬤，你最近身體怎麼樣？有沒有再氣喘，我幫你聽看看！」

阿嬤並沒有告訴金孫前幾日才又咳血。楊雪深怕他擔心，影響他讀書、工作情緒，不會將家裏的事情讓他知道。但是陳文德把脈後，約略知道阿嬤的病情維持在原來的樣子，沒有比較好，也沒有比較差。隨著年歲增長，抵抗力差、特別是溪底溼氣重，可是阿嬤念舊，還是喜歡窩居在老屋，看著一屋子的曾孫在大埕上玩耍，餓著哭、累了也哭，這般熱鬧的氣氛，多子多孫多福氣的觀念，讓阿嬤暫時忘卻病痛，還有長孫不在身邊的思念。

實習醫師一年後，陳文德去服兵役回來，依然回到馬偕醫院任職內科住院醫師。他很高興，特地利用假日回家住兩天。久未回家，二女兒、三女兒在門口玩辦家家酒，看到他拿著公事包走進來，竟然生疏地跑進廚房找媽媽。「你們在做什麼？怎麼跑來躲在我後面？」

「阿嬤！阿嬤！我回來了！」陳文德踏進大廳，拉開嗓門叫，兩隻腳已經踏進阿嬤床前來了。楊雪這才意會過來，原來女兒認生，在躲她們的爸爸。她拉著她們的手，走到阿嬤房間。「這是阿爸！你忘記了？」

「阿雅、淑兒來阿祖這裏！」兩個曾孫女怕生地躲到阿祖身邊：「你還知道要回來喔？我以為這個家你都不要了！你看，孩子都快不認得你這個爸爸了！」

六、北部行醫

一九五五到一九七五年越戰期間，美國調派大量的醫師到前線服務傷患官兵，導致在地極為欠缺專業醫師。從臺大、高雄醫學院（現為高雄醫學大學）、中國醫藥學院（後改制為中國醫藥大學）、中山醫學院（現為中山醫學大學）、臺北醫學院畢業的學生，家庭經濟許可的，都嚮往到美國淘金。

陳文德醫學院畢業後，先服一年的預備軍官役，以他優異的成績，申請至美國進修，不是問題；同屆畢業的一百三十六位同學，有四十幾位都去美國深造，學成後直接留在美國行醫。但他的心願是回饋鄉里，照護家人，所以申請進入馬偕醫院擔任內科住院醫師，學習更多的臨床經驗。

陳文德小時候家裏很窮，當時一分地只能收成四、五百斤的稻穀，連穀種都必須賒帳而來，家人和親戚朋友生病，每看一次病就得拿兩百斤的稻米去換賒，有些家庭要等收割後，才有稻穀還醫藥費。

馬偕醫院的內科主任，覺得出生鄉下的陳文德，樸實、腳踏實地，不只謙虛，還有一顆善良的心，與他閒話家常間，了解他學醫的目的是為了能親自照顧阿嬤、家人，還有回饋鄉里。這一番孝心令這位內科主任非常感動。

關心病人的需要

環境塑造人格，馬偕醫院外籍醫師多，他們積極研究的精神，和院內多元的病患案例，是值得研究學習的醫學經驗。陳文德總是隨身記錄，若遇有不清楚的地方，進一步細心研讀相關書籍，或請教資深的醫師。當理論與實務有落差時，他知道那是進一階的學習領域。

陳文德在馬偕醫院承擔內科住院醫師一年後，認真負責敬業的態度很有可能升為內科總醫師，但是他卻主動調任家醫科。一九八三年，家庭醫學科才剛在臺灣起步，它的醫學範疇囊括內科、外科、婦產科和小兒科，這些通識科目正是陳文德想深入學習的臨床經驗，將來若回鄉看診，就能普遍性地為鄉親服務，因此勇於挑戰各種困難的個案。

有次，急診來了一位病患，喊著右邊腹部劇烈疼痛，檢查的結果是尿道發炎，醫師馬上安排他住院，隔天清晨診斷出是肝癌破裂，沒多久即宣告不治，往生。

有一位女孩子，年紀輕輕，長得漂亮又有氣質，罹患肺炎，住院的隔天早上便往生。

早期醫學還不很發達，遇到疑難雜症，往往無法即時判斷。每當遇到類似的案例，都讓陳文德難過好一陣子。他常常想，人的生命何其脆弱？疾病不分年輕或年長，不問貧富，只要生病了，任何時候都暴露在死亡的風險中，再多的錢財，也比不過健康的身體。

還有一位小姐，全身起紅疹子而來看診，經照X光發現是肺膜積水，但一時診斷不出其實是紅斑性狼瘡的症狀之一，像這種從未見過的案例，都是陳文德欲學習的寶貴醫學實例，一年的臨床實習勝過學習十年理論，尤其在加護病房案例更多，日日上演著生與死的拔河戲碼。

晚上若沒值班，他依然會到病房區多方面了解，遇有特殊案例，就是他學習的功課。陳文德熱心、親和力佳，遇到年輕欠缺經驗的醫師，都樂於教導。醫師的工作除了診間看診、巡房、值班，還要與總醫師開會討論病人的病情，時間被切割分散，有時連假日都會因為突如其來的病患而無法休假。

星期一的早晨，是比較緊湊、緊繃的時刻，許多年輕醫師會來實習。

隔了一個星期假日，人們心情放鬆，吃喝多了，一不小心，拉肚子、腸胃炎或是隱藏性的慢性疾病，都在此刻浮現，因此病患特別多。

這天，已經接近中午十二點，診間外還有十來個患者等他看診。陳文德問得極為詳細，有時對方的其它症狀不是來就診的主要疾病，他也不會視而不見，總是千叮嚀萬囑咐對方，一定要再找時間掛其他科別，把病醫好，或是讓護理人員直接幫他掛號。

年輕的護理師有時會不耐煩，有時會嘀咕著說：「陳醫師，外面還有病患在等我拿藥單給他們，讓他們自己去櫃臺掛號就好啦，我這裏已經夠忙了。」這時陳文德會藉機教導她：「日行一善，對你來說只是舉手之勞而已！」

見對方真的很不耐煩了，陳文德就順她的意，說：「好好好！你先掛完這一位，下次若有，我們就請他自己去掛號。」其實陳文德知道，病人如果不是因為生病，何必大老遠來馬偕醫院看病呢！很多人會來馬偕是因為症狀特殊，要不然到一般診所或衛生所拿個藥，花費省又快速。

過了中午，一位年輕太太穿著儉樸，神情凝重，牽著兒子匆匆進入診間。陳文德已經看診一個上午，累得有些精神恍惚，看著坐在他面前的男孩，就像看到大兒子陳榮祥，「他應該要讀二年級了吧？我已經三、四個月沒有回家了，連寫信回去問問的時間都抽不出來，唉！」

因為家裏沒有餘錢讓兒子讀幼稚園，他從小跟父母、阿嬤說閩南語習慣了；一年前，兒子註冊讀小學一年級，遇到外省籍的老師，講話有鄉音，老師在臺上講什麼，他一點都聽不懂……想到此，陳文德悲從中來。

「陳醫師！陳醫師！那位媽媽說她兒子在學校一直肚子痛，我剛剛替他量體溫，還有點發燒。」護理人員的聲音，讓陳文德回過神來：「好！好！我知道了。小弟弟，你哪裏不舒服？」他告訴自己晚上下班後，一定要寫封信回家。

老人家的一番話

時光總是無情，不肯為人多留一分半刻。又快過年了，冬日寒冷的氣候，讓生病的人如雪上加霜，寒氣逼得人連筋骨都痠疼。雖然是過年，身為醫師的職責，陳文德的假日總比其他人來得短，他分秒必爭，哪能想像家鄉的妻子、兒女跟他一樣如分針、秒針規律地生活。

孩子什麼時候該上學，什麼時候該做功課，楊雪整天忙得團團轉，每天早上準備孩子上學的便當，還要撥空到田裏幫公公的忙，再趕回來煮三餐。天氣熱的時候，她知道春天過去，夏天來了；起風的時候，就是秋天、冬天的腳步近了，腦海裏沒有空間去思想陳文德到臺北幾年了？多久沒有回來了？或是什麼時候該回來了？

大兒子轉眼間已經小學五年級，老二女兒淑珠也上三年級了，淑雅剛讀一年級，最小的淑兒和曉靜分別是五歲和三歲。晚餐後，楊雪還有忙不完的廚房事，雖然「讀書」離她已經是很遙遠的事，但她總不忘叮嚀著：「阿祥，你帶兩個妹妹去寫功課。你們要懂得用功讀書，你們爸爸小時候放學回來都要去幫阿公牽牛，讀書還是班上成績最好的，不像你們現在可以專心讀書，所以要更用功。」

孩子們睜著骨碌碌的大眼睛盯著楊雪看，想像不出媽媽形容的場景。楊雪時時將「偉大父親」的形象建立在孩子心坎裏，她還說：「你們的爸爸在一家美國人開的醫院當醫師，幫助很多人；爸爸的醫術很好，醫院的人都很尊敬他，所以你們不能讓爸爸漏氣啊！」

五個孩子中，除了阿祥和讀三年級的阿珠稍微了解媽媽口中的父親是「醫師」的意思，其他三個孩子懵懵懂懂，只會說：「媽媽！爸爸什麼時候回來啊？」阿祥就會喝斥他們：「不要吵媽媽。媽媽明天又要很早起來煮早餐，你們趕快去睡覺。」

過年了，婆婆忙著做拜拜用的龜粿、年糕、發糕，楊雪要照顧五個孩子上學、準備便當、下田工作，有時候半夜阿嬤咳得厲害，還得起來幫她拍痰，沒日沒夜地忙得暈頭轉向，一個多月來找不出時間去烏日街上幫婆婆的忙。

孩子好不容易盼到放寒假，最高興的就是過年時爸爸會回家。陳文德看到阿嬤又老了許多，氣喘的毛病比以前更嚴重，五個孩子像難民一樣，除了阿祥外，當姊姊的阿珠沒有因為是長女就穿第一手的衣服，即使過年楊雪幫她買一套新衣服，總要加大兩、三號尺寸，好讓她可以穿個三、四年，年幼的妹妹就沒有那麼幸運，姊姊太小的衣服就給妹妹輪著穿，媽媽將學號拆掉，再縫上她們的新學號，如此可以省下三個女兒的治裝費。

穿衣服的事，先生哪懂得太太理家的打算。陳文德看到的是孩子骨瘦如柴，尤其阿祥、阿珠身高漸漸抽長，本就不夠營養的三餐飲食被身材吃掉了，剩下的幾乎是皮包骨，兩支手臂像細長的兩根竹子，一不小心就會被碰斷。

阿祥六歲時，罹患A型肝炎，發燒抽筋，沒有錢去給醫師看，陳文德還在北醫讀書，阿祖竟然相信民俗療法，喝童子尿可治病，可是一時找不到，一急之下，就從尿桶裏舀尿讓他喝下肚。

孩子們看到媽媽為他們樹立的這位「英雄」爸爸，感覺離他們好遠好遠，愈來愈陌生。楊雪更不用說，長期操勞和曝晒，皮膚黝黑；又因營養不夠，睡眠不足，皺紋布滿臉頰，雖然只有三十幾歲，卻比實際年齡蒼老許多。

陳文德重感情，他為自己無能為這個家貢獻一己之力，時時忐忑不安，家裏的生活並沒有因為他升主治醫師而獲得改善，餐桌上還是菜脯、鹹魚、豆腐乳、地瓜簽，父親購置地產的錢，是他自己零零星星做苦工，一點一滴積攢下來的。而他，雖然將微薄的薪水存起來，期待有一天能回家鄉開診所，可是十幾年來這家老小為了成全他去學醫，生活更苦了。

「家人們受的苦，全都為了我一人。我的孩子像沒有爸爸一樣，見到我就像見到陌生人，這個家還能算是完整的家嗎？」他不斷自問：「我是不是該回家了？」

在回返臺北的平快車上，陳文德雙眉緊鎖，內心始終悶悶不樂。五、六個小時的車程，他拿出書想讀，卻怎麼都靜不下心來，看了幾頁又放下。那不斷逝去的窗外景致，如時光倒流。他想到十二年前學醫的本願，和阿嬤曾經對他說的話：「你在臺北當醫師了，阿嬤要見到你是不是更不容易了？你不要忘了家裏還有妻子、兒女在等著……」

翻開的書頁，又被他收闔了起來。一位老伯伯坐在他身旁，從臺中車站上車即觀察到隔壁這位年輕人，一路上嘆息聲連連，心裏肯定有事。他關心地問著：「少年家！你在吃（做）什麼頭路（工作）？」

「我在臺北上班。」老伯問他上什麼班？為什麼一直嘆氣？

陳文德看老伯一臉慈祥的面容，如長輩般關懷的眼神，他打開心門據實以告：「我是烏日人，到臺北讀醫學院，在馬偕醫院當醫師，我在想是不是該回家鄉開診？一直拿不定主意。」

老伯聽他這麼一講，忙不迭地說：「喔？是這樣。不過……你沒聽人家說過『擔柴入內山』這句話嗎？只有擔柴下山，沒有人想擔柴入山的。你不要顛倒做啊！每個人都想在臺北闖出一片天，你有這麼好的機會，為什麼要放棄呢？」

陳文德靜靜聽老伯的分析，算一算自己在馬偕醫院已進入第六年，內科一年後轉為家醫科兩年即升等為家醫科主治醫師，練得一手好醫術，診斷病情愈來愈得心應手，升遷的機會觸手可及；可是，眼看祖母一天一天地老去，父親自從入贅張家後，沒有一刻不為這個家在操勞，「我做醫師的心願已成，為了家人，為了幫忙窮困的病苦人家，這五、六年在馬偕醫院學習到的經驗，該是回故鄉服務鄉親、孝敬阿嬤、父母及照顧妻兒的時候了。」

他打破那位老人家說的一般人慣有的思維，思緒迴旋於「返鄉」與否。猛一抬頭，喧囂躁動的臺北街頭映入眼簾，將他拉回現實，及時拿起行李，匆匆下車，沒入人海中，迎接緊湊快速的都會步調。

兒子差一點斷指

「陳醫師，早！」

「陳醫師，這個病人昨晚發燒又吐，雖然現在止住了，還是請陳醫師過去看一下。」

「陳醫師，這個病人昨晚急診進來，一大早就喊著要找您哪！」

「哦？」又是忙碌一天的開始。清早七點多，陳文德即現身在病房區護理站，先看病歷，了解前一晚病人的狀況，護理人員迫不及待地向他報告部分病人的狀況。每週一的門診和巡房總是占去陳文德一整天的時間，門診的疑難雜症特多，往往看完診，已是過了中午。

周而復始，轉眼間又過了兩、三個月。乘著暑假，陳文德回家一趟。如以前放學回家，腳還未踏入客廳就高聲喊著：「阿嬤！阿嬤！我回來了！」他先往阿嬤的房間探視，與阿嬤天南地北地聊。楊雪知道他回家了，但不忍心打岔他們祖孫的相聚。

「阿嬤再問你一次，你什麼時候打算回來？」陳文德被阿嬤這一問，沈默了許久。他想的是為人看病容易，可是這開診，有一些籌備和採買的工作，凡事要自己來，千頭萬緒，他還理不清該從哪裏打點起。

「你可知道阿祥的手指頭被碾米機的皮帶拉進去，差一點就斷掉？阿雪帶他去診所縫合，到現在還在發炎？」阿嬤說著。

「有這款代誌？」陳文德急忙踏出阿嬤房間，把兒子帶來看個究竟。雖然楊雪有帶他去其它診所縫針，兩個星期後，傷口仍然紅腫化膿，無法癒合。當楊雪再帶回去給診所看時，醫師告訴她：「伊老爸不是在臺北做醫師，我想汝帶伊去臺北大醫院看看，比較卡妥當！」

陳文德星期日必須先上臺北，才來得及隔天的門診時間；返回臺北前，他告訴楊雪怎麼坐車，還交待她到了臺北車站要搭幾路的公車，就可以到醫院。

聽到「臺北」，楊雪眉頭瞬間緊鎖。這一生除了當小姐時和表姊去臺中看過一次電影，從未獨自出過遠門。現在，她的角色不同了，必須擔起母親的責任，帶兒子到臺北就醫，不免擔心了起來。

然而，事不宜遲，楊雪向阿嬤、公公、婆婆「請假」，隔天一早將四個孩子交給婆婆，拿著簡單的行李，到烏日車站買了往臺北的車票。

坐在火車上五、六個小時完全沒有事做，對楊雪來說是很新鮮的經驗。嫁入陳家十幾年來，事情一樁一樁接著做，從未在椅子上坐下來超過半個小時。而身旁的兒子第一次坐火車，倒是如探險家，對外面的世界，對每一個從窗外滑過的景致，好像要看盡全部，收納進腦海裏，因為下一次再坐火車，不知要等到什麼時候？

楊雪心裏七上、八下的，很怕到了臺北，人生地不熟，迷了路豈不耽誤就診的事。表姊叮嚀她，到了臺北車站不用怕，萬一找不到公車站，路長在嘴巴上，只要肯問，一定到得了。

她聽丈夫說馬偕醫院離車站很近，覺得坐計程車太貴了，盤算者走路應該可以到，也盤算著兒子的傷，應該一天來回就夠了。

「各位旅客，臺北車站快到了，要下車的旅客請準備下車。」車廂裏傳來車掌小姐的聲音。

「媽媽！我們到了！」阿祥提醒著。

楊雪提著行李，拉著兒子，快步往車門走去。臺北市區，中華路上兩邊商店林立，等在柵欄下的腳踏車、汽車、公車還有路人，綿密擁擠，突然間像到了另一個新世界。她一時慌了手腳，出車站後，東張西望，五顏六色的街景，穿著窄裙、腳踩高跟鞋噠噠噠響的小姐們，行色匆匆，好幾次差點撞倒她。

四面八方都是馬路，馬路上劃著白線，楊雪不知道白線有何作用？阿祥說：「媽媽！綠燈了，我們過馬路。」孩子在課本裏讀過臺北有很多斑馬線，有紅綠燈；紅燈要停，綠燈才可以走，行人走斑馬線才安全。

「還好有你跟媽媽作伴。」楊雪對兒子說，自己又會心一笑，「我不是那個要『帶著』兒子上臺北的媽媽嗎？怎麼反過來是兒子在帶我、護著我呢？」

他們清晨六點未到就搭上火車，到醫院時已經接近十二點。楊雪沒通知陳文德幾點到，只想著不要打擾他看診。進了醫院，還是由阿祥開口，東問、西問，經過幾個穿廊，終於到了家醫科診間，遠遠就看到父親的名字掛在門上。

「我去敲門問一問？」阿祥搶先走在前面。

「可以嗎？這樣好嗎？」楊雪出手想制止他。阿祥已經敲了門，出來應門的是一位年輕的護理人員，看上去不過二十歲左右，一雙烏溜溜的眼睛，說話輕聲細語：「請問你們是來看診的嗎？有掛號嗎？」

「不是，我是來找……」楊雪急忙接著兒子的話說：「找陳醫師。」她知道丈夫是這裏的主治醫師，不想讓別人覺得他們的家人這樣落魄像。從火車站到醫院，她所看到的小姐都穿著洋裝、套裝、窄裙，年長些的著旗袍、手挽著皮包，而自己連一雙像樣的鞋子都找不到，好不容易拿出當新娘時穿的鞋子，可能久未穿，試穿幾分鐘後，感覺疼痛，乾脆將涼鞋擦拭乾淨穿上，走起路來舒坦多了。

「陳醫師，外面有個歐巴桑，帶著一個男孩找你！」

「歐巴桑？」楊雪聽到護理人員這樣形容她，一股腦兒地氣往上衝，「我才三十幾歲，竟然叫我『歐巴桑』！」但靜下來往自己身上的穿著一看，一件黑褲，一件花衫，又帶著一個紅藍綠線條相間的塑膠提袋，對護理人員來說，在臺北市裏，這樣的打扮的確像歐巴桑，沒什麼好生氣的。

陳文德突然想到，應該是太太帶兒子上來了。他看完最後一位病患，忙走出診間，對著護理人員說：「我跟你介紹一下，這位是我太太，他是我大兒子。」

護理人員滿臉通紅，對自己的魯莽向楊雪說對不起。楊雪禮貌性地說：「沒關係！」

陳文德拉兒子的手來看，比前兩天又更紅腫。他告訴母子倆，已經請整形外科醫師下午馬上幫他看診，可能要在臺北待四、五天。「你們就暫時住在阿朗家，我請他整理一間房間給你們住。我住在醫院宿舍，房間很小，你們要住不方便！」

陳文德為他們準備兩個便當，裏面有魚、有滷肉，阿祥吃得津津有味，以為父親都吃這麼好，然而父親卻告訴他：「我讀大學的時候，為了省錢，一天只吃兩餐，要吃飯都是等到人家吃飽了，專揀人家剩下的、最便宜的菜，或有時候只有一、兩塊油豆腐配一碗麵，現在醫院提供伙食，我三餐才比較正常。」

楊雪從頭到尾不多話，在一旁靜靜地聽陳文德與兒子對話。其實她恨不得下午的時間趕快到來，醫師快快醫好兒子的手，好趕緊回去過她習慣的日常生活。

好不容易熬到外科醫師看診時間，陳文德帶他們直接進去診間。「來！我看看！你爸爸說你受傷很久了？唉唷！腫成這樣，還好有來，若再繼續紅腫，細菌感染太久，手指頭就保不住了！」

外科醫師先為陳榮祥清創，為了讓傷口早日癒合，醫師在他手掌心挖一個小洞，將化膿的無名指固定在這個洞裏。楊雪看到兒子必須固定姿勢約一星期，忍著眼眶裏的淚水，小心翼翼地照料他。她倒抽了一口氣，想著：「還好發現得早，還來得及補救，如果兒子的手指頭救不回來，萬一有什麼差錯，豈不毀了他的前程！」

外科醫師囑咐說：「明天一樣這個時間來換藥，這幾天都要來喔！然後按時吃藥，就會恢復得快些。」

楊雪每天和兒子從二叔張義朗的家坐公車到醫院看診，四、五天下來，已漸漸熟悉那一段路，對臺北人擠人的環境不再陌生。阿祥的手指頭紅腫消退，晚上也能一覺到天明。

經過約一個多星期，手指頭漸漸養出紅潤的肉，醫師才為他拆線，換藥、吃藥，差不多可以回家了。陳文德知道兒子的手指頭已經度過險境，最後外科醫師又多開了二星期的藥，告訴他們可以準備回臺中了，一週後再去附近的診所檢查傷口，換個藥就可以完全痊癒。

這一天，陳文德並沒有陪他們母子去外科，直接上樓去病房區探視上週六胃出血掛急診進來的一個外省奶奶。雖然病人已經脫離險境，他還是不放心。五、六年來，奶奶總是自己搭公車來掛他的門診，有時候並沒有什麼病，就是胃悶，拿些胃藥回去，並無大礙。

陳文德感受到奶奶就像自己的阿嬤，對她噓寒問暖。奶奶真的就把他當成自己的兒子，家裏大小事總會對他說，有時候說完話，就跟陳文德說好像胃不再痛了。

「奶奶，您本來就沒什麼病，可能自己一個人在家，太悶了，要多出去走動散步，讓腸胃蠕動就好了。」聞言，奶奶還開玩笑地回他，「是因為看到陳醫師，病就好了！」兩人像祖孫般哈哈大笑，連護理人員都覺得陳醫師像「老萊子」。

陳文德知道奶奶寂寞，每個老人都希望老來兒孫能時時圍繞在身旁，可是又期待兒孫有出息，將他們送得遠遠地去打拚，一旦結婚生子，有了家庭後，陪伴老人家的時間就少了。老來病磨，孤寂度過下半生，是人間最痛苦的事，在臺北街頭多的是這樣的窘境。

每當看到奶奶，陳文德總會想起阿嬤。離家十幾年了，阿祥即將升上初中，大女兒、二女兒都上了小學，老三阿雅也要上一年級了。說到阿雅，他想到有一次回家，楊雪正在廚房忙，把還在學爬的阿雅放在門口，她爬著爬著，撿起雞屎就塞進嘴巴去……

十幾年來，他無緣參與孩子的成長，夜深人靜看書時，偶爾想起阿嬤、父母、孩子，心緒就飛回家裏。在醫院若看到父母陪著孩子來看病，他就想到家裏的五個孩子，眼眶溼熱，趕快拿起手帕裝著擦汗，避免被人看到。

「自己的孩子生病了，我卻沒辦法顧到他們，求學過程若遇到困難，連問爸爸的機會都沒有，我還算是個及格的父親嗎？無論如何，我該準備回家了！」他回鄉開診的心意已決。

同學們大多出國，或在全省各大醫院行醫，研究環境比他回烏日來得好，但他認為在鄉下開診所服務鄉親，照顧家人健康，回饋社會，發揮學醫良能的一種方式。

楊雪即將帶著兒子搭火車回臺中，陳文德說：「我打算回去開診所了，你再跟阿嬤、多桑他們說一聲，沒有錢我們再來借。」他心裏想，親情無法用金錢來衡量，如果在阿嬤年邁時，無法好好照顧她，再後悔就來不及了。

還有，「如果兒子真的截指，我這個做父親的怎麼對得起他？再大的成就，都換不回兒子的將來。」

楊雪輕輕地說：「好！」內心暗藏著喜悅，但沒有將歡喜寫在臉上。雖然盼這一天好久了，但又上上下下的，「到底好還是不好呢？他已經是醫師，而我還是個村婦，十幾年沒有生活在一起，接下來的日子……」

七、回鄉開診

一九七七年，初春的早晨，銀白的曙光漸漸轉成金黃朝暉，為大地帶來一片溫熱。天地萬物被滋潤的春風吹拂，自慵懶的冬日中甦醒，生氣盎然地迎向新的季節。

清晨六點多，烏日車站前的菜市場熱鬧滾滾，農民擔著自家種的菜，一擔一擔地擺上他們認為賣點最好的位置。玉米、地瓜、茄子、高麗菜、花椰菜、油菜、番茄、豆類，還有各式各樣南北貨、肉品攤，好不熱鬧。雖然剛過完年，此起彼落的人潮，依然擠爆了烏日市場。

「來啊！花椰菜便宜賣啊！一顆兩塊錢，要播稻了，全部便宜賣。」

「阿桑！油菜啦，一斤一元就好……」

市場裏的物品琳瑯滿目，除了吃的，烏日市場隨著人口逐年聚居，近幾年增開了不少商店，有專賣日用品、盥洗器具，成人裝、童裝，西點麵包店、中藥鋪和各式各樣的小吃店，火車站前儼然成為烏日居民的生活中心。即使中午過後收市了，仍有來來往往搭火車或採買日常用品的鄉親瀏覽其間。

才開業即受賒帳

「空嚨空嚨空嚨——」火車到了，兩、三位裝扮整齊的旅客，拿著水果禮盒和象徵吉祥的富貴竹盆景，步出月臺，往市場的方向走來，引起菜販的注意，大聲吆喝著：「來喔！買菜啊！」

「無啦，他們好像要去阿昌家道賀的。他兒子在臺北大醫院做醫師，回來家鄉開診所，今天開業了，有需要可以去看病……」另一菜販說。

「呸呸呸！又不是買東西，哪有叫人家去看病的？」

「歹勢啦！我講錯話了。我的意思是說，聽說他很有愛心，回來回饋鄉里的。還有，那位陳醫師從小是阿嬤帶大的，很孝順，開診所就是希望能照顧到阿嬤。我剛剛經過，看到他阿嬤今天特別高興，孫子當了醫師，又能回到自己身邊，再歡喜不過了！」

「這是當然的啦！莊稼人還能出醫師子孫，誰會不高興？來來來，看一下喔！尚青的青菜，剛摘的，俗俗賣喔！」

陳文德的「明道診所」開業了。一大早，鞭炮聲響徹烏日街道，門庭前的鞭炮屑如在地面鋪上一層五彩花毯。賀喜的親戚朋友絡繹不絕，花籃、水果、餅乾禮盒擺滿廳堂。

「開業第一天，敢有看病？」一位常來張月雜貨店買龜粿的老阿嬤，聞訊趕來掛第一號。

「快快！幫阿嬤寫資料。」陳文德催促櫃檯人員幫老阿嬤掛號，記下出生年月日和名字。他請了三個人，一個負責掛號，一個負責包藥，一個則是打針。

病人一個一個接著進來，一時間還來不及設計空白病歷表，陳文德事先預備一疊白紙，請櫃檯小姐寫下病患的個人資料。

他脖子上掛著聽診器，熟練地一個一個仔細問診，多半是感冒、傷風等小毛病。「藥要包快一點，後面還有很多人在等。」

「醫師，你寫這是什麼藥？我看無啦！」陳文德的字跡很小，負責包藥的小姐看得眼睛都花了。

「看不懂，拿藥罐來對！」陳文德一邊看病，一邊注意她的包藥方式是否正確？並仔細檢查所包的藥不能有錯。

「下一位，阿雄！阿雄……」陳文德叫了兩次，沒有人回應。一位婦人在阿雄阿公肩上輕拍兩下，他才抬起頭來。陳文德探頭一看，直覺阿公好像有重聽。

阿公一進診間就比著自己的肚子說：「落屎（拉肚子）！昨晚落歸暝（一整夜）。」鄉下人講話很直接，阿公指著腹部說腹瀉，指著頭說頭痛。陳文德判斷應該是春寒料峭，溼氣重，感冒引起腹瀉，幫他量體溫，有些微的發燒。

張月告訴陳文德，阿公的兒子到臺北工作，很少回來看他，老伴又早早走了，阿公獨自種田，獨自生活。陳文德配給他止瀉藥和治感冒的藥，並為阿公打了一針，以防他持續發燒、拉肚子。

「醫師，你怎麼拿這麼多藥給我？這很貴，我都買止痛丹卡俗（較便宜）。」看得出阿公經濟很拮据，陳文德安慰阿公：「治病卡要緊，你先拿回去吃，錢下次再給沒關係。」阿公向醫師致謝，眼眶泛紅地離開了。

「下一位……」「再一位……」「下一位，阿春啊！」一個接一個，從早上開業就沒歇過，直至中午已過十二點，還有不少人在等。由於來看診的病患都是鄰近的鄉民，陳文德要他們一點半再來，或是晚上七點半到九點半都可以。

「少年醫師，拚下去囉！」不知道什麼時候，「阿尚舅」來到診所為陳文德打氣。「感謝！感謝！阿尚舅！上樓一起吃飯啦！」

「不不不！阮來跟你恭喜就好，看你有成就，真的替恁多桑歡喜！」

陳文德早、午、晚三班看診，直到收班，已經深夜十點多了，小姐們繃著臭臭的臉，上樓休息去了。陳文德還有雜物要處理。他先算算病歷數，再比對收的費用，「都沒有錯，有兩個暫時欠帳。」

他知道這兩個又病又窮，沒有打算讓他們還錢。不過，也來診所幫忙掛號的岳父倒是將欠帳的人，特別用另外一本筆記本登記下來，連住址、電話都沒有少。

陳文德拿起掃把、拖把將地板擦乾淨，不易擦到的桌子、櫃子下面，再跪下去用手伸進去擦，病患坐過的椅子，用酒精擦過，給隔天看診的人有個清新乾淨的環境。

「滴答——滴答——」時鐘的響聲提醒著快午夜十二點了，陳文德再次環顧診所一遍，滿意地笑了。

一週工作七天，只有星期日下午短暫的休息，比起在馬偕醫院緊繃的看診時程，輕鬆多了，陳文德沈浸在能為鄉親服務，又能與家人生活在一起的成就感和喜悅中，診所的收支是否平衡，已在其次。

時間如飛箭，一週又一週地過了。陳文德從早上八點半忙到晚上將近十二點，日日如常。他看病仔細，望聞問切，不只看外相的病，還體察病人的心，遇有生活作息不正常者，適時給予導正、建議，藥到病除，風評傳開，患者愈來愈多。

有一晚，陳文德才剛坐定，聽到外面一陣鬧哄哄的聲音，一位先生攙扶著一個婦人，像鑽山洞地排擠人群直接衝入診間，氣喘吁吁、聲音顫抖地說：「醫師，救救阮某，她肚子痛得很厲害，痛得快死了！」莊稼人不知道該如何形容緊急的病情，直白地說著。

陳文德回他：「哪有那麼快死？來！我看看，哪裏痛？」婦人臉色發白，四肢軟趴趴，先生在自己右下腹部一指，陳文德還幽默地說：「是你在痛？還是她？」

他知道右腹下是典型的盲腸炎。「她得的是盲腸炎。我這裏沒有手術設備，你們要趕快去大醫院……」他請人幫他們叫計程車。

先生很惶恐地說：「醫師，我身上沒有錢，我……」

「生命要緊。我這裏先幫你墊，有錢再還。快！拖太久的話會有生命危險。」

那天，櫃檯小姐結完帳，簿子上又多了一筆欠帳。多日來，收支一直是紅字。「陳醫師，這樣診所怎麼會賺錢？」

「我們又不是為賺錢而開診所的。」陳文德說。櫃檯小姐似懂非懂，闔上帳本，將收的錢交給陳文德，嘴裏念念有詞。

人與人相遇重情義

連續下了好幾天的雨，時而悶熱，時而滂沱大雨，一不小心就感冒流鼻水又咳嗽，一大早看診的人就將診間擠爆了，有的人只好到走廊上等或先去市場買菜，透透氣。

「陳醫師啊！」有位病人一走進診間，一臉疲憊。「我已經咳一年半了，去好多家醫院看，有的醫院說是氣喘，可是吃了藥還是沒有比較好，後來我才想到你！」陳文德拿起聽診器細聽，婦人肺部清晰無雜音，沒有囉音。「你很好啊！我判斷沒有什麼問題哩！」

病人還是說：「可是我都會咳，也咳不出什痰，真的令我很惱！」

陳文德分析給她聽，「有時候可能感覺喉嚨有異物感，就一直咳，咳久了，氣管就會腫大，愈會覺得有什麼東西卡在裏面，就愈會想咳⋯⋯」

陳文德請她心情放輕鬆，並開藥給她吃，教她調息，放慢呼吸，果然咳嗽的狀況漸漸有改善。

可是過了十幾天，她又來了，神情緊繃地說：「陳醫師，我昨天差一點呼吸不上來，兒子要送我去急診，我堅持不要去，要來給你看，比較能夠放心……」

「好！不要緊張，你先坐下來，我聽聽看！」陳文德聽她的心音，的確有呼吸急促的狀況。再細問，患者最近因為工作關係，事情繁雜，壓力大，可能因此造成焦慮，引發生理、心理反應，會不自主地加快呼吸，導致過多的二氧化碳被排出，因而引發呼吸性鹼中毒，所以腦部會得到錯誤的訊息，誤以為自己正處於缺氧狀態，就開始快而淺的呼吸，這是醫學上稱的「呼吸過度症候群」，嚴重的會覺得四肢肌肉僵硬、嘴巴周圍及手指等處會有麻木或是刺痛的感覺。

陳醫師對她說，若遇到此狀況，先拿一個塑膠袋蒙住鼻口，讓二氧化碳不至於呼出太多，再慢慢調整呼吸，症狀就會減緩。

診所日日如常，各種疑難雜症都有，掛號、包藥、打針，周而復始地工作，三個小姐的兩隻手都沒停過，臉頰上完全沒有笑容。有一天，已到中午，護士小姐衝上樓又衝下來，與正要上樓的陳文德撞個正著。

「發生什麼事了？」陳文德問其他人。大家你看我，我看你，悶聲不說話。

他一上樓，就對著楊雪叨念：「要煮好一點的給人家吃啦！」

小姐拍桌子被楊雪看到了，她知道年輕人喜歡變換菜色，此時聽陳文德這麼一說，心裏挺委屈的，她「哦」的一聲，不知道自己錯在哪裏？

楊雪並沒有故意煮不好的菜，只不過是一般家常菜，她認為最重要是三餐準時開飯，讓每個人都吃得飽，況且全家人吃的菜都一樣，被丈夫如此誤會，內心著實有點不舒服。

陳文德又補上一句：「若做完家事，就下樓去學習包藥，才不會事事都要靠別人。」

楊雪睜大眼睛看了下眼前的丈夫，馬上又撇開，心裏疑問著：「我去學習包藥？」

陳文德快速扒著飯，沒有注意到太太的反應。

婚前，楊雪就知道陳家需要一個媳婦來幫忙做事，很認命，即使再辛苦，不會種田、煮三餐，但母親對她說：「嫁去做事沒關係。他們待人很好，至少嫁過去，你不會被欺負。」所以她一直將自己定位在打理家庭、洗衣做飯、照顧孩子、老阿嬤的位置，咬著牙根，總算撐過十幾個年頭。

現在丈夫回家了，一家人可以團聚在一起，有丈夫撐著，她有感按照這樣的生活步調，做夢都會笑，內心踏實很多。可是，丈夫竟然要她學包藥？她感到很惶恐，卻不敢說不。「要學習護士做的事？我才小學畢業，我可以嗎？」

她聽說別家診所的「先生（醫師）娘」手指頭都是尖尖的，皮膚白嫩嫩的，還擦指甲油，每天穿得很時髦去逛百貨公司，家事請佣人做……

想到此，她伸出手一看，手指關節粗大，皮膚乾糙，因為長期洗滌、做家事，指甲有多處變形。

陳文德早先叮嚀過她不准擦指甲油，理由是對指甲不健康，實際上明道診所也沒有浮華的裝潢，他將國民小學淘汰的課桌椅拿來當看診桌，昏黃的燈泡，老舊的擺設，鋼管鐵床當病床，甚至開業的經費還是父親四處去借貸的。

雖然已經升級為「先生娘」，楊雪依然鎮日周旋於孩子、家事、廚房之間，每天四點多起床，準備孩子的便當。堂姊、堂姊夫早逝，留下一個外甥與阿祥年紀一樣大，兩個人正要升高三。面臨大學聯考，為了讓他安心讀書，考上好大學，陳文德讓他住到家裏來，與阿祥一同作伴、一起拚聯考。

因此，楊雪每天早上準備六個便當，洗六個孩子、公公、阿嬤的衣服，整理家務，整個腦筋轉得比時鐘還快，一天的工作做完，已是上床就寢的時刻了。

陳文德告訴她要學包藥，她並沒有表達想法，只覺得應該聽丈夫說的話。她告訴自己：「我要有志氣，不能靠別人。」她想辦法讓該做的事一樣不差，一樣都不少，打理好孩子上學後，提早準備當天的菜色，一邊洗衣，一邊讓鍋子裏滷著豆乾、豆皮、香菇、雞蛋等。

她還買了快鍋，將洗好的米先煮五分鐘後悶著，大約十點，下樓到診間，靜靜地站在護士小姐旁邊學習，成為她們的助手。約莫十一點多，又回到廚房，快速炒完青菜，準時十二點開飯。

房子的後面是鐵工廠，乒乒乓乓的聲響震得窗戶直震動，陳文德依然自在地看診，可是飄來的鐵灰，才經過半天，地板、桌上已經積滿厚厚的一層。乘著陳文德去午休，楊雪拿起拖把，將樓梯和診間的地板擦拭乾淨，還回一個清淨的上班環境。

楊雪日日按照自己設定的行程，此刻扮演賢媳良母，下一刻搖身一變是護士助理。孩子放學後，自己乖乖做功課、讀書，偶爾很想看電視，但只要聽到大人的腳步聲，他們關上電視門，立刻衝回書桌上。

陳文德不許孩子們看電視。他認為孩子應該跟自己小時候一樣辛勤讀書，然而時代不同了，孩子不見得能體會。

楊雪告訴他們，「你老爸是怎麼怎麼辛勤、用功、孝順才有今天的成就……」不斷在孩子心裏塑造父親的形象，還說：「你們的爸爸對這個家庭很有責任，很照顧這個家，你們以後也要跟他一樣！」孩子懵懵懂懂，無法體會父親是怎麼辛苦走過求學路。

一天又將過去了，陳文德下班已近午夜十一、二點，孩子上床了，翌日一大清早孩子上學去，他還在休息，與孩子相處的時間微乎其微，即使假日見到面，也只是叮嚀他們讀書的重要性，和將來人生的方向。

父母無暇陪伴他們做功課、讀書，母姊會、畢業典禮因為忙碌而缺席，阿祥回家跟媽媽說：「老師說，我們去學校念書，不單是老師的責任，家長也要多關心，找時間來參加母姊會……」

楊雪不去參加孩子的活動是因為太忙了，再者讀書這檔事對她而言，是很遙遠的事，萬一老師問她話，不知道怎麼應答，該怎麼辦呢？

陳文德平日裏忙著看診，病患疑難雜症多，假日一到，或騎著摩托車帶著聽診器到老家阿嬤身邊，為阿嬤健康把關，或沈浸在醫學書籍裏，做滿滿的筆記，比孩子考聯考還用功，楊雪哪敢再拿這些家務事去煩他。

有時楊雪會想，當年若知道他會成為醫師就不嫁，學歷差距是心中說不出口的痛。不過，她會自我安慰：「我嫁他時，他又還沒有當醫師！」

人與人的相遇，豈是「想當初」可說得清楚的。

重情重義，甘願放棄大醫院的升遷，回到偏鄉照顧鄉親和一家老小，陳文德常想，「好感恩，還好妻子代替我侍奉阿嬤、照顧老小十幾年，我才能順利完成醫學院學業，安心地在馬偕醫院學習臨床經驗。時間催著歲月不斷前進，轉眼間，孩子都長大了。」

先生娘打針兼包藥

一年過了又一年，診所的營運逐漸步上軌道，從星期一到星期日，每日平均就診兩百多位，有時甚至將近三百位患者。自從陳文德對楊雪說凡事要靠自己後，楊雪看到小姐若不高興就鬧脾氣，不想做就走人，一直找人也很麻煩，而工作只有增加沒有減少，她咬起牙根，一定要學會打針、拿藥。

她對自己說：「那個看起來像豆菜芽的ＡＢＣ不認識我，我一定要認識它們。」

後來陳文德請了兩個年輕小夥子阿賢和阿章，其中一位只有初中畢業，陳文德鼓勵他去讀夜間部，晚上不必幫忙診所，薪水照發。楊雪每當家務事忙完了，就默默下樓觀察阿章怎麼幫病人打針，央求他：「靜脈比較大條的，讓我來試著打，你在旁邊幫我看著。」打了兩次後，抓到訣竅，她信心漸增。勤快學習，熟能生巧，不管在手臂或臀部注射，都難不倒她了。

陳文德看診細心，雖是家醫科醫師，任何科別都能診治。因為縫合技術佳，消毒透徹，從未發生過因處理不當造成的併發症，不少鄉親有外傷，都會來找他醫治。再來，身體有病已經很苦了，若到大醫院遇到不熟悉的醫師，身病加上心理緊張，豈不讓病痛雪上加霜，所以許多鄉親習慣給視病如親的陳文德看病。

有一日傍晚，接近下班時間，一個中年人按著手指頭，沿路滴血地衝進診間，「陳醫師，我被機器刀割到，很深的傷口。」

「我看麥吔！這呢深，你不驚死去喔？我來幫你縫一縫。」陳文德說話直接，在鄉親聽起來卻好像鄰家的大哥一樣，親切，沒有壓力。

清洗完傷口，陳文德正準備縫針，眼尖的楊雪馬上走到身邊當助手。陳文德以一支夾子固定線頭，勾起來繞過開始縫，楊雪在後端協助拉線。

「線轉來這邊，夾起來。」楊雪一時會意不過來。

「轉過來，拉直。你是聽無喔？垂直！垂直！」

已經嚇得開始顫抖的楊雪，實在聽不懂什麼是「垂直」。陳文德按捺不住性子，將她手裏的線搶過來，熟練地拉成垂直，終於將傷口縫好了，額頭的汗珠在燈光照射下，晶瑩欲滴。

經過這回一來一往的外科助理挑戰，接下來再有任何外科縫針工作，只要陳文德一舉手、一揚眉，楊雪就像數十年老經驗的助理，無縫地接招、過招。

有一回，父親陳其昌受傷了，陳文德沒有幫他打麻醉藥，直白地說：「麻藥打下去痛的時間乾脆縫一縫就好了。」父親強忍著，都沒喊痛。說也奇怪，很多病患卻能接受他這不成文的理論。

更有一回，楊雪切到手指頭，深到見骨，血流不止，陳文德拿起針線來直接就縫，楊雪不停地喊，叫得淚水都流出來了，街坊鄰居這時都知道，陳醫師又在幫人縫針了。

陳文德以病人為本的醫德，烏日鄉親無人不知，無人不曉。無論內科、小兒科、外科，全天候在明道診所不斷上演，連住在遠地的人，身體一有微恙，一定要來明道診所「看」陳醫師，才會安心。

北屯地區有一位老婦人，專程搭將近一個小時的公車，繞了半個臺中而來，還告訴在診間等候的患者，「我一定要給陳醫師看，感冒才會好，習慣吃他開的藥啦！」但其實，陳文德開藥總是依病情而定，少藥量，鼓勵自癒。

除了看診的專業領域外，陳文德做什麼，楊雪就學什麼，包括藥劑師的工作。可是她沒有學過英文，小學畢業後就去工廠當女工，將近二十年沒拿過筆，又怎能看懂陳文德非正楷書寫的英文呢？

「看不懂英文，總可以記樣式吧？」她對自己這樣說。病歷一遞上來，對著藥名與藥瓶，和存放的位置，比對陳文德的筆跡，久而久之，楊雪牢牢記住藥名，很自然就會抓藥了。

然而遇到換藥廠，換藥名的時候，她只好硬著頭皮問陳文德。有了第一次，第二次她就上手了，漸漸的，若少了一位小姐，她就補位，而家事沒少做，三餐依舊準時上桌。

有患者問她父親：「歐吉桑！你女兒怎麼那麼厲害，我看她沒有讀什麼書，卻什麼都會。」知女莫若父，楊老先生笑笑地說：「你無聽過人家說『戲館邊的豬母，袂歕簫嘛會拍拍（母豬靠近戲館旁邊，久了不會吹簫，也會打拍子）』。」

楊家父母疼惜楊雪這個女兒，「做」就像是她婚後半生的代名詞，母親幫忙顧阿珠到七歲上小學，父親是自明道診所開業就過來幫忙，為許多不識字的鄉親代寫病歷、掛號；公公陳其昌不捨媳婦忙裏忙外，有時就來幫忙包藥。

夜深了，喧鬧的大地歸於寧靜，獨留蛙鳴蟲唧，清亮響耳。孩子們各自在桌前用功，楊雪忽然有種時空錯置的感覺，曾幾何時她還是父母手掌心上呵護的青春少女，如今五個孩子中，有的已高過她的頭。老大阿祥選擇讀醫科，老二阿珠讀藥學系，都不須父母操心，一不留神，人生已過了一大半。

日落日出，又是嶄新的一天，陳文德環視診所一周，簡單的看診器材、回收的看診桌，儉樸的病床和病歷櫥架，不斷增加的病患，鄉親安心，他放心，內心踏實下，還有另一個願……

八、阿嬤終老

回家鄉開業，最讓陳文德安心的是，能時時回到那間阿嬤捨不得離開的老厝，與她小敘片刻。

風兒，輕輕地吹；鳥兒，振翅疾飛。遠遠的，田中央，老農彎著腰，雙手握著鋤頭，一鏟一鏟地翻土、除草。

「汗滴禾下土，誰知盤中飧，粒粒皆辛苦……」陳文德想起小時候常默念的句子，自己當年務農的日常也是這樣的，那段無憂無慮，與大地、大自然共生共息的日子，他好懷念。

每天早上，陳文德匆匆用過早餐，堅持親自帶著妻子為阿嬤準備的番薯稀飯、豆豉、豆腐乳和菜脯蛋，騎著機車，噗噗噗地回到老家，看著阿嬤吃著早餐的幸福感。

他為阿嬤添稀飯，陪在旁邊看她吃。阿嬤的食量少，通常吃完一碗就說吃飽了。陳文德督促她多吃一點，阿嬤不肯，覺得平時沒什麼勞動，七分飽就夠了，吃多了就是暴殄食物。他等阿嬤吃完，順手將碗筷收拾好，告別阿嬤，才騎著機車趕回診所看診。

陳文德很珍惜早晨與阿嬤相處的時間，特別是星期日，他會留比較長的時間，與阿嬤話家常。阿嬤見到寶貝孫子一來，話匣子一打開像流水，祖孫倆總有說不完的話題。

彷彿回到童年時光，陳文德依偎在阿嬤身旁，從種田的情景聊到厝邊頭尾的阿姨、阿嬸、阿伯、阿公，誰家賣了田地，買了幾間店面出租；誰家開了一間店，生意好得不得了，數著一張張美麗的新臺幣，不必像以前被風刮、日晒、雨淋，滿身汙泥，皮膚晒得凝出血，賺不到一張鈔票入口袋；哪位老鄰居又賣了幾畝田，搬離烏日，在臺中蓋新厝了等等。

他一邊靜靜地聽阿嬤說，一邊幫她按摩手和腳。有時阿嬤不知不覺睡著了，睡得如嬰兒般恬靜、滿足，他才跨上機車離去。

迎著晨光，越過田埂，綠油油的稻田，白鷺鷥時而飛翔、時而漫步啄食，陳文德深吸一口拂面而來的新鮮空氣，感覺全身舒暢無比。雨過天青，青蛙「呱呱呱」，清脆地鳴叫，花草葉瓣上的水珠，經陽光照射，瑩閃閃……

幼年的時光彷若昨日，兩地奔走送飯菜並不辛苦，晨間探訪阿嬤倒成為陳文德一天最快樂的時光。

後來，烏日、彰化地區小型工廠不斷崛起，農村生活形態隨著經濟起飛，不斷在改變。年輕人到遠地求學、就業，居民們逐漸搬離溪底的厝仔村，到烏日街上買房，做起小本生意，或到工廠上班，剩下的是極少數的田庄人。

診所的患者日漸增多，有時實在忙不過來，無暇回去看阿嬤。阿嬤歲數漸增，萬一發生意外，沒有家人在旁陪伴，著實令人擔心，經陳文德力勸，阿嬤終於答應搬到烏日街上同住。

阿嬤有氣喘的老毛病，嚴重時會咳血。小診所沒有大型的醫療儀器，早期，家人想帶阿嬤去大醫院醫治，老人家擔憂家裏沒有錢而堅拒，現在她又說，「幾十年沒有醫都在過了，能活幾年算幾年」，再次婉拒。

一九八二年，盛夏，熾烈的陽光如生火的火爐，鋪天蓋地而來，整片大地燒燙得幾乎冒煙。烏日街上菜販騷動聲此起彼落，熱鬧滾滾。明道診所內擠滿了就診人潮，感冒、腸胃不好，拉肚子的症狀很多，連筋骨痠痛的患者都因為相信陳文德的醫術，遠地而來就診。

這一天，陳文德正在聽診，楊雪衝進診間，雙手沾滿肥皂液，膝蓋上的兩根褲管還來不及放下，氣喘吁吁地說：「陳醫師，阿嬤摔倒了！」

陳文德猛抬起頭來，兩顆眼珠子睜得好圓，「現在佇陀位？」

「我想要扶她起來，她叫痛，我不敢碰她？」

「卡早的人都說老人家跌倒要讓他自己站起來，才不會病倒。」診間有位老婦插話進來說。

陳文德從耳邊拉下聽診器，「阿公，你還剩下一點點小感冒，照上次開藥就好，我去看看阮阿嬤。」他又對外面坐在椅子上等候的患者說，「拍謝，恁下午再擱來，沒發燒、沒急診不要緊，下午再來看。」

不等患著們回答，陳文德兩步併作一步，往一樓阿嬤的房間跑去，「阿嬤！阿嬤！」

「疼死啦！」阿嬤雙手扶住大腿骨，直喊痛。

「我看看！」陳文德伸手一摸。阿嬤大腿上鬆垮的肌肉，明顯地可摸到骨頭，他心急如焚，說：「啊！斷了啦！阿嬤，我送你去大醫院，這要開刀比較快好！」

這比當年看到兒子的手受傷還煩憂、不捨。陳文德很想替阿嬤痛，忍住淚水，好聲勸說，阿嬤卻執意不肯，「我那麼老了，不用啦，再吃也沒幾年了！」

楊雪不知所措，擔心阿嬤八十二歲了，如果長期臥床，對家裏每個人來說，會很辛苦。

「你還站在那裏做什麼？去拿點滴來，還有木板，我先幫阿嬤固定骨頭。」被陳文德這一提醒，楊雪才回過神來，快手快腳地去拿醫藥物品，協助包紮、吊點滴；陳文德在點滴罐裏注入一針消炎藥，讓阿嬤可以好好地睡覺。

陳文德交代一些事項後，上樓扒了一碗飯，回房休息片刻後，繼續下午的看診。

阿嬤自跌倒那天開始，無力再起床。楊雪將三餐帶到房裏，親自餵食。三個月後，阿嬤腳傷不再疼痛，卻因為長期臥床，肌肉萎縮，無力踏出房門一步，只能坐在椅子上休息。

陳文德晨昏定省，陪阿嬤說話、餵飯，雖然這些楊雪都可以做，但他總想親自來，一天沒有跟阿嬤說話，好像握在手心的東西陡地溜走了，很沒真實感。

阿嬤自從臥床後，胃口不好，腸子少蠕動，嚴重便祕。陳文德每隔兩天就幫阿嬤挖大號。一開始排泄物又乾又硬，他戴著手套，用食指掏挖堵住肛門的排泄物，先剝鬆一小塊、一小塊。只要硬塊解除，刺激肛門，腸子就會慢慢蠕動，排泄物才能自然排出。

腸子暢通了，阿嬤精神好多了，話也漸漸多了，整碗的稀飯連湯汁吃得都不留，陳文德覺得唯一能孝順阿嬤的地方，就是讓她吃得下、睡得著、多活幾年，一得空，就為阿嬤按摩手腳和搓揉腹部，夫妻倆比照顧當年的五個孩子還無微不至。

好景總是不常，生命敵不過歲月的摧殘，阿嬤的精神一天比一天消沈，胃口愈來愈差，一吃就吐。陳文德每天為她注射兩、三支營養針，這次打在手背上，下次換打在手肘，手腳部位都留有打針的痕跡。

後來阿嬤罹患失智症，白天睡覺，半夜又喊又叫，常常驚醒家人，以為發生了什麼事。有時她白天也兀自嚷嚷，兩隻手不斷地在空中比劃，叫個不停，沒有人聽得懂她在說些什麼。

平日家裏除了幾個大人外，暑假一到，孩子回家了，熱鬧許多，喊著：「阿祖！阿祖！」樓上樓下盈溢著生氣。

一九八二年，大兒子阿祥準備聯考時，陳文德時時耳提面命，非要他考醫科不可。他以自己為例，不斷告訴兒子，以前讀書是多麼辛苦，有一餐沒一餐的，還要幫房東的孩子家教來抵房租，吃顆蛋都是奢侈，為了省下晚餐錢，晚間早早就上床睡覺。

他說：「我這麼辛苦都能考上醫科，你們現在不愁吃、穿，如果沒有考上醫學院，太說不過去了。還有，從醫的話，隨時都在幫助別人，把每個病人照顧好，就是布施。」

兒子倒是爭氣，順利考上牙醫系。大女兒阿珠打從高一開始，陳文德就提醒她要努力用功，沒考上醫科至少要選讀跟醫學相關的科系，將來比較容易找工作。

從小，母親在孩子心中建立起父親是用功、孝順、勤儉、愛家的好形象，所以父親的殷殷囑咐，孩子們不敢說不。

兩年後，阿珠準備考大學，終日往圖書館鑽。八月初，聯考放榜了，阿珠如願考上藥學系。陳文德滿意極了，其他三個女兒面面相覷，知道接下來就輪到她們了。「妳們兩個也是，一樣要努力，至少要選讀跟醫學相關的科系……」

「知道啦！」女兒們知道父親若一開口，一長串大道理如順流的河水，滔滔不斷，這時楊雪就會像一片白雲，悄悄地飄來覆過豔陽，讓室內清涼許多。

這幾天，阿嬤喘得更厲害了，呼吸短又急，楊雪不時地往阿嬤房間探視，沒有注意到他們父女的對話。「陳醫師，你來看一下，阿嬤的情況怪怪的。」

阿嬤的呼吸更加急促，滴水不沾，只靠點滴留著氣息。每隔半小時、個把鐘頭，楊雪就小心翼翼地拿棉花棒，沾水溼潤她的嘴唇。

陳文德從座位上站了起來，適才與女兒討論前途的歡樂，被一抹不明的陰翳取而代之，愁緒堆滿胸臆，快步衝進阿嬤的房間。

「阿嬤！阿嬤！」阿嬤的呼吸細如絲，一扯就會斷。明知道這是遲早的事，但在阿嬤嚥下最後一口氣時，陳文德號啕大哭，雙腳落地，摔退了矜持、身分和一切社會上掩飾的尊嚴假象，哀淒地吶喊：「阿嬤！回來啦！我的阿嬤！」

他一顆心像被一塊大石頭壓著，只覺得身體不斷地往下沈，整個人跪倒在阿嬤床榻前。孩子們從未看過平日堅毅的父親如此哀傷，立刻趨前拉住他。此時陳其昌和張月陸續進屋來，雙雙跪下向母親頂禮，哭著喊：

「卡桑啊！」

服喪期間，診所暫時不開診。鄰居、親朋好友紛來弔唁。陳文德守在阿嬤靈柩旁，默默不語，童年往事如電影倒帶般，一一在心房旋繞。他想著想著，淚水不由自主地流滿雙頰。阿嬤疼他入心，怕他冷、怕他餓，祖孫相依為命，同床而眠二十幾年，直到他去臺北讀書。

每次要回臺北時，阿嬤總是依依不捨地送他到庄頭前，直看到他走遠了，才肯轉身回去。陳文德身在外地，心卻在阿嬤、家人身上，恨不得早日結束課業，奔回家裏陪阿嬤至終老。

阿嬤日漸佝僂的身影，一直縮、一直縮，縮小到離開了他，走遠了，再也不會回來了。回鄉照顧阿嬤將近十二年，十二年的時光如流沙，不知不覺中就從指尖流失。

明知道那一天總會到來，並不是沒有經歷過生死關卡，在馬偕醫院行醫，常常看到今天來急診的病患，隔天病情急轉直下就走了，但是比母親還親的阿嬤，他仍有好多年的時間，無法接受這自然法則。

照顧阿嬤的心願雖然圓滿了，但每當夜深人靜時，陳文德仍常獨自落淚，心裏念著李密的〈陳情表〉，「臣無祖母，無以至今日；祖母無臣，無以終餘年……」「我這一生如果沒有阿嬤，我早就死了！」

世間總是無法事事如意，他沒有能力拉住生命的無常，無常就像一位老師，永遠在出其不意時出作業，本以為自己準備好了，然而發生的當下，仍無法從容以對。

有誰能將歲月留住呢？阿嬤的離去是陳文德的切身之痛，是骨與肉不可分割的苦，是永遠還不完的恩情。這段恩情該寄予何處呢？

九、圓願助人

清晨，微風輕輕吹來，一樓菜市場買賣的聲浪隱約傳來，隔著一道狹窄的陽臺和落地窗，大廳倒也顯得清靜。難得的星期日，陳文德如早已調好的時鐘，晨起漱洗後，投入自修的時間。自從阿嬤走後，他除了看診外，閒暇之餘就做學問，吸收新的醫學知識。

客廳裏，一張四方茶几，一張直背的黑檀木椅和兩張實木櫃，擺滿各種醫學書籍、外文醫學雜誌和勵志書冊。書櫃的抽屜裏藏著許多他求學時代的獎狀、錦旗。

客廳就像他的書房，一套簡單的木製沙發椅常是空著，只有客人來時才會去坐。陳文德坐在直背的椅子上看書、寫字，手上拿的是候選人結緣的原子筆，桌上有隨手可翻閱的醫療叢書，和數本國民小學的國語作業簿。他喜歡這種輕薄、簡單設計的本子，或廠商送的小本行事曆，將讀書重點分門別類記錄在不同的筆記本裏。

筆記本封面上的日期，是他歷年來勤學的印記。打從求學時代開始，陳文德必在讀過的書上畫下重點，字裏行間寫不下的註解，就另外抄錄在筆記本裏，隨時翻讀、背誦。筆記本裏還有滿滿的勵志名言，是歲月智慧的累積，也是生命歷程的寫照。

他常說，「梅花寒中開，悲心苦中來，快樂要從富中求。」艱辛是成長的養分，愈寒凍的氣候，梅花開得愈燦爛。當年，家裏沒錢供他讀書，他咬著牙根，忍著挨餓，不肯認輸。有人曾在背後說，「那個人已經娶妻了，怎麼考得上呢？」但是陳文德相信，只要肯努力、有毅力，堅持下去，跟不上人家時，努力追，最後一定追得上。

為了能重拾書本，他堅持苦讀，終於考上醫科，如願回鄉照顧阿嬤、家人和鄉親。每憶及幼年時光，阿嬤的身影又映入腦海，總令他泫然欲泣。他常想，如果有一天能力許可，能夠組織一個造福鄉親貧困子弟的慈善單位，該有多好。

一個夏日的午後，診所的病患不多，父親好友的女婿廖景沂來看診，兩人相談甚歡。廖景沂畢業於臺大化工系，開了一家鐘錶零件製造工廠，收益不錯，於是和其他企業家一樣，加入扶輪社，每遇假日就有飯局應酬，或約打高爾夫球。

廖景沂的岳父林文堂先生信奉基督教，是烏日街上的富有人家，陳其昌雖然不識字，但他的信實、勤奮，林老闆很是賞識與信任，有喜事一定請他幫忙，嫁女兒時還專程請他去田裏砍連根帶葉的甘蔗，表示「有頭有尾」、「生生不息」，所以陳、廖兩家常有往來。

林文堂曾寫了一幅〈積康頌〉送給陳文德——「積康不在要鉅錢，貧士也能結善緣，正大為眾做善事，鬼神欽敬你心田；存心一點上天知，積康累德畢生持，富貴安能世襲得，貧窮自有轉康時；種德無師莫外求，求師就在你心頭，問心不愧循天理，對得蒼天心緒優；行善補失又積康，明鏡高懸頌德功，積康得到平安樂，人康己康享大同」。陳文德將它懸掛在診所牆上，並印成書籤廣與病人結緣，希望人人能多做善事，積善之家必有餘慶。

廖景沂事業有成，邀請身為醫師的陳文德也加入扶輪社，陳文德只愛看書、做研究。他告訴廖景沂：「其實我一直有個心願，我們學醫的目的並不是為了賺錢，是助人，如果哪一天孩子都畢業了，經濟比較沒負擔時，我很想組一個慈愛基金會；我們募集一些基金來幫助生活有困難的鄉親，你覺得怎麼樣？」

廖景沂很贊同陳文德的想法，只可惜沒多久，廖家舉家遷至臺中市定居，成立慈愛基金會的計畫無法如願，然而陳文德助人的心念依然不減。

在還沒有健保給付的年代，來看診的人不乏家境困難、無人照料的病患，他將他們從賒藥名單中移除，減輕許多貧困人家的醫藥費負擔。若病患許久沒有來診所看病，陳文德就利用假日，帶著藥品一一去家裏往診。

一個人力單勢薄

一九九九年九月二十日當晚，陳文德剛清潔完診所的地板，一看牆上的鐘，時針與分針已經交疊在十二，他打個哈欠，雙手左右擺動，伸展筋骨後，輕手輕腳地上樓就寢，深怕驚擾到睡夢中的老小。

剛躺下沒多久，就被那使勁的地動給搖醒了。還未回神到底發生什麼事，窗戶乒乒乓乓地作響，隱約聽到樓下有東西砸落的聲音，他趕緊起來準備下樓，卻連站都站不穩。

「又搖了！」「收音機說南投的酒廠燒起來了……有人被壓在房子裏

面，說搜救很困難。」樓下人們談話的聲音，在寂靜的深夜顯得特別清晰刺耳。陳文德驚覺這次地震應該不小，中部的災情可能很嚴重。

「陳醫師，下樓來啦！很可怕，好像很嚴重！」妻子顫抖的聲音，從一樓傳上來。

「卡桑他們置叨位？有按怎無？」陳文德趕忙地問。

「無按怎啦！有一些藥罐掉下來而已。」楊雪回他。

入秋了，陣陣的涼意直擊背脊，陳文德隨手拿起一件外套披上，下樓到診間，楊雪正在整理掉落的藥罐，還好都是些塑膠瓶裝的，沒什麼大礙。陳文德踏出門外，往走廊探頭一看，街上擠滿了人，嘰嘰喳喳地重複著從收音機裏聽來的災情細節，「聽說馬路都塌了，房子也倒了！」

「這次真的很慘，有七級啊！」人們心有餘悸，紛紛逃出屋外，在街上漫無目的地談論著，有的孩子難抵大半夜的睡意，被父母抱在身上繼續補眠。

餘震不斷，隔了幾分鐘又傳來劇烈的搖晃。遇到大災難，人人擔心的是自己的安危，不敢回屋內，大多躲進車內，或到烏日火車站旁的空曠停車場，或到烏日國小的操場，鋪上草席裹著棉被過了一晚。

陳文德轉回診所，扭開收音機一聽，都是災情報導。「今天凌晨一時四十七分發生規模七點三的強震，震央在南投集集，許多房屋應聲倒塌，死傷人數不斷累積中……很多通往災區的道路中斷，救護車不能到達的地方，傷患急待救援……」

聽到不斷增加的死傷人數，他內心焦灼不安，心想，「身為醫師，我能為自己的鄉親做些什麼呢？」他走進庫房察看藥材還有多少，雖然是家醫科醫師，平日繃帶、紗布、碘酒、食鹽水、葡萄糖水、點滴都備得很齊全，病患有任何傷痛，就能方便治療。

他將這些外科藥材一一整理出來，楊雪納悶地問：「你拿這些要做什麼？」「去災區義診啊！傷患一定很多，我明天找人開車載我去。」

不會開車的陳文德，每個星期看診七天，除了過年過節，幾乎沒有休閒的時候，平時也沒有任何娛樂、應酬，唯一的交通工具——摩托車，也很少用。

地震後，停水又停電，診所休診，許多店家不開張，街上難得一片寧靜。九月二十一日中午過後，陳文德邀來一位親戚，將外科藥材搬上車，沿著中投公路往南投省立醫院開去。

一路上，只見許多道路柔腸寸斷、隆起或坍塌，原是蓊鬱的草木山頭，籠罩上一層灰，到處都死氣沈沈，猶如戰爭過後，人民逃離的死城，連鳥兒的影子都見不著。

他們穿過崎嶇、顛簸的山路，像誤闖荒野沙漠的外鄉客。愈接近南投，警車、救護車的汽笛聲愈是扯破寂靜，令人不禁打了寒顫。

他們風塵僕僕地抵達南投省立醫院，大門口救護車、私轎車、擔架、輪椅，進出匆忙，有的傷著被攙扶下車，有的用擔架從救護車上抬下來，有的手扶著頭，頭還在滴血，手肘也擦傷，雙腳布滿泥土。陳文德心想：「唉！遇到這種大災難，能自行下車、逃過一劫已算是僥倖了。」

醫院裏上上下下，從櫃臺到急診室，每個人都緊繃著臉，氣氛肅穆、悲愴。他輕聲細語地對櫃臺人員表明自己是醫師，帶著醫藥器材來協助救災，他們說好，請他先暫放一旁，又回頭去忙了。

過了不久，有位執事人員將所有醫藥器材帶走，獨留他和友人在大廳等了一個多小時，都沒有人來接應。

出發之前，他聽說除了南投省立醫院外，南雲醫院（現為彰化基督教醫院南投分院）也收置很多傷患。眼看在南投醫院沒有用武之地，他們轉往南雲醫院。

途中，看到九九峰山頭如被強風撕裂，寸草不留；又像被斧頭劈過，整個山頭全禿了。有些道路因受重力抨擊而改道，他們繞彎了好多路，邊走邊問，終於抵達。

「我是烏日明道診所的家醫科醫師，我想投入幫忙。」他對醫院的人員這樣說。櫃檯小姐忙著為患者掛號、辦住院手續；醫護人員緊急搶救著傷患，沒有人有空回答他「義診」的請求。

災難來得太突然，醫院沒有接受外來醫療援助的體制，他們只好悻悻然地轉回臺中。

無法如願義診救人，陳文德不死心，繼續盤算著，「也許送物資能派上用場。」他到街上採買了十條棉被、奶粉和餅乾等，隔天再次和朋友開車送到國姓鄉救災中心。到的時候，一旁的草地上，只要是平坦的地面就有人搭帳棚，搜救的工作還在進行中。

有人跟他說：「我們這裏不需要棉被。」經陳文德好意拜託，請他們轉給需要的人，對方才將物資留下。他感慨地對友人說：「一個人的力量實在沒辦法發揮什麼功能。」

按時收聽「慈濟世界」

無法如願去救災，陳文德專心在診所為病患服務。來看病的人多是創傷後壓力症候群，有的說：「這幾天攏沒睏，鬢邊吓吓叫（偏頭痛）！」有的臉色蒼白，一看就知道驚嚇過度。

有的病人並非真正有病，是心理受到驚嚇，感覺自己病了。心病沒有特效藥，他一一安撫再依狀況對治開藥，櫃檯小姐忙得團團轉，楊雪也投入幫忙包藥。最重要的是，跟病患說說話，按按不舒服的部位，氣血暢通後，氣色轉為紅潤，病患就笑開了。

能守在診所專注為鄉親服務，不再因為沒能去義診而自責，陳文德的心也開朗多了。

接下來連續好幾天，電視新聞播報的，多半是災情——臺中大里金巴黎大樓倒塌、東勢王朝大樓倒塌，南投民間、集集、中寮、國姓等受災區的死傷人數一直往上攀升……令人不敢相信臺灣會一夕間天地變色，哀號遍野，會有讓其他國家救援隊來協助的一天。

後來，從電視螢幕上看到穿著藍色上衣、白色褲子、帶著白帽的志工在賑災，在安慰家屬的身影，陳文德知道那是「慈濟」團體。雖然每年都繳善款給慈濟志工盧翠環，卻從未想過要加入慈濟，更不知道自己在慈濟能發揮什麼功能？

認識慈濟是從中廣電臺得知。有一天早晨，他漱洗完畢，伸手扭開收音機找新聞聽，轉啊轉地，突然，一曲悠揚的旋律流洩而出，緊接著是主持人柔美的閩南語音色：「各位聽眾朋友，大家早安，阿彌陀佛……」聽起來感覺好親切。

一九八五年十一月，慈濟廣播節目在臺北民本電臺首播，隔年，慈濟臺中分會成立，慈濟會務需要在中臺灣大力推廣，時任中廣臺灣臺臺長方政治先生，特別闢出每天早上六點半到七點的時段給慈濟，證嚴法師指示李惠瀅（法號：靜淇）負責製播主持；於是，一九八六年四月八日，「慈濟世界」在中臺灣開播了。

「慈濟世界」每天製播不一樣的單元，有證嚴法師的開示，還有許多溫馨的感人故事。清晨，溫煦的曙光伴隨習習微風，照進客廳。證嚴法師的開示，如一劑清涼的水，澆淋陳文德疲憊的心靈。他很欽佩法師在花蓮做慈善、蓋醫院，慈悲救助苦難人的精神，尤其法師的聲音給人一種安定的力量，所以只要一得空，陳文德一定準時打開這個頻道收聽。

陳文德的醫術和善心，在烏日已是家喻戶曉，宛如鄉親的專屬家庭醫師。他判診詳細，對症下藥的好名聲如芒花飄送，從此處飄到彼處、這鄉傳至他鄉，這縣市又送到他縣市，一個傳過一個，人們紛紛議論著，「烏日開一家明道診所，陳醫師人很好，我們都去給他看。」有的一家三代、四代，直系、旁系全是他的病人，慈濟志工盧翠環便是。

盧翠環有四個孩子，每年除夕夜前，總會有一、兩個傷風感冒，她就趕快帶他們來給陳文德看。

「又感冒了！一千二先給妳！」每次看到她來，陳文德會先掏出年度善款，交予盧翠環。

「陳醫師，您記性真好哩！做好事都很準時。」盧翠環送上一本《慈濟》月刊，陳文德除了自己看，也放在診間鼓勵病人帶回去看。

有一年，盧翠環就讀國小三、四年級的兒子到高雄喝喜酒，回來後上吐下瀉，她即刻帶到明道診所。陳醫師一聽診，說：「你是不是吃飽後做太激烈的運動？飯後要靜止。」她很訝異，「你怎麼知道？他真的像猴子一樣，很好動！」

孩子一邊吊點滴，一邊持續嘔吐，盧翠環很是緊張，心急地問：「陳醫師，怎麼還在吐啊？」

「帶去給大間的看啦！」陳文德心直口快，說話毫不修飾，過一會兒，他緩下語氣，說：「你想想看嘛，哪有那麼快好，又不是吃仙丹？」

治療的確需要時間，急不得。他希望病人好，該說重話時也毫不保留。遇到孩子拉肚子，他會要求家長帶孩子的糞便來檢查，可是常被家長疏忽掉。每個病患一來，還未看病歷，他就記得上一回的病況：「怎麼樣？好一點了嗎？有帶大便來嗎？」若是家長張口結舌，肯定會惹火他，不假思索，劈頭就說：「你以為我愛聞大便嗎？我是為了你們好，才會這樣要求！」

視病如親，該講重話就不客氣，但偶爾會令人質疑，沒有高科技醫療器材的一個鄉下小診所，診斷真的這麼準嗎？慈濟志工曾榮州的母親有血尿，陳文德告訴他，「按照醫理判斷，百分之八十是發炎，百分之二十是不好的東西，你要帶去大醫院檢查看看。」檢查報告出來，果真長了一顆腫瘤。

事實上，在那年代，一般民眾不太愛去大醫院看病，對大醫院的環境感到陌生、擔心受怕，看到大儀器就有心理恐懼症，誤以為自己生大病了，假若又遇見一個嚴肅的醫師，沒病也嚇到有病，所以寧可先來諮詢這位親切如鄰家大哥的醫師。

雖然診所內沒有高科技醫學儀器、沒有內視鏡，但是遇到疑似重大疾病或需動大手術的病患，陳文德絕不耽誤病人的病情，一定為他們推薦可信任的醫師。

騎著機車去義診

一九九六年慈濟人醫會成立，中區牙醫師蔡爾貴率先號召牙醫師，一年約二至三次去義診，中區人醫會成立後，慈誠大隊長羅明憲承擔人醫會總幹事，開始帶領醫師進入南投偏鄉去訪視和義診。

盧翠環心想，「慈濟有四大志業，每一個功能都很需要志工的投入，若能鼓勵慈悲的陳醫師深入了解，他就可以發揮慈悲、熱心的醫術良能。」她有感時候因緣到了。

這天晚上，盧翠環特地到明道診所邀陳文德，「陳醫師，現在慈濟成立人醫會了，你是醫師，可以去參加義診，多了解慈濟，發揮愛心。」

陳文德除了看診外，多半時間都待樓上看書，太久沒有外出參與大團體活動，突然要融入一個陌生的團隊，他卻步了：「哦！不不！你不知道，我因痔瘡曾開過兩次刀，常常要跑廁所，而且中午一定要睡午覺，一天沒有午睡不行，不啦，還是先不要參加。」他實在很想做好事，但又不想麻煩別人，擔心造成他人的困擾。

過了一段時間，盧翠環又去邀他參加國際賑災，當時陳其昌八十二歲了，曾輕微中風，因長期服藥，腎功能欠佳；兩個弟弟，一個住在臺北，一個在高雄，各自有家庭和工作，他又是醫師，自始自終認為照顧父母到終老是做大哥的本分，幾經思考後，他對盧翠環說：「還是過一段間再看看吧！」

這期間，臺北醫學院的同學陳恆吉醫師鼓勵他捐慈濟「榮董」，他毅然決然分三年圓滿。行善的因子如番薯藤，由小小的根莖不斷衍生、延伸，由一而二、二而三，陳文德護持慈濟烏日各項活動，除了捐榮董，也開始與陳恆吉醫師到彰化員林監獄、苗栗監獄義診。一日午後，藥師蘇國川來訪，熱情地邀他：「我有加入慈濟人醫會，是泌尿科紀邦杰醫師在帶，你要不要一起來？」

「我可以嗎？會有很多限制嗎？」他還是猶豫未定。但是想到九二一地震當天，他們去南投醫院，因為單槍匹馬，想幫助人卻力量不夠，「我不是一直希望加入有組織的團體去幫助人嗎？還遲疑什麼呀？」

他又想到所遇見的慈濟人，如盧翠環、李錦鑾、羅明憲、余金山等人，親切、熱心，做慈濟十幾、二十年了，還孜孜不息地辦茶會、說慈濟，再偏遠的貧困人家，也要想辦法去把他們找出來，去救助他們。

「好啦，還猶豫什麼？考慮太多就做不了事了！」蘇國川不放棄，乘勢極力遊說。

「可是我有睡午覺的習慣……」

蘇國川又說：「那簡單啊，志工都會相互補位，不像在診所，忙得沒有時間休息，什麼都要自己來。」陳文德想了一想，才將午睡這件事暫放一邊，答應到五權路的創世紀基金會幫植物人義診。

陪伴人醫會的志工洪力淑和羅明憲，得知有一位烏日的醫師加入團隊，非常雀躍，先行抵達創世紀，在樓下等他到來。沒多久，一部機車噗噗噗，自遠而近，在洪力淑面前剎車，「難道這位是蘇藥師說的陳醫師嗎？他竟然自己騎機車來！」

「請問您是……」

「我是陳文德！」

洪力淑引導他進電梯，心想這位醫師又高又瘦，笑嘻嘻的，客氣又帶點靦腆。

創世紀裏躺著的都是植物人，偶爾也會有感冒、身體不舒服的狀況。同行的有榮民總醫院、中國醫藥學院的牙醫師在為他們洗牙，陳文德一走進去，熟門熟路地問：「好，哪一個需要看？」依著看顧人員的指引，他為對方聽診，檢查喉嚨是否紅腫，量體溫、血壓，快手快腳地給予診斷、開藥等治療。

義診結束後，羅明憲和洪力淑再度送陳文德下樓。羅明憲半開玩笑地對他說：「陳醫師，拜託您來坐我們的車，機車讓我騎啦！」他其實是擔心陳文德快七十歲了，從烏日騎車來義診，又是第一次來，萬一路上有什麼狀況，該怎麼辦？

可是，陳文德哪裏肯，客氣地婉拒：「不用啦，我騎習慣了，沒問題的。」一跨上機車，噗噗噗地騎走了。留下的兩人目送他騎一段距離後，才安心地開車回臺中分會。

二〇〇二年，苗栗地區慈濟志工進入南庄山區訪視，發現蓊鬱綠色山林環抱的山城，人情濃郁的客家庄裏，居住的多半是賽夏族與泰雅族。雖然山景優美寧靜，是人們踏青的桃花源，但因為年輕人外流，隔代教養、老弱殘疾，有病不知道該找誰幫忙。慈濟志工擔憂之下，除了給予他們物質的資助，也希望在醫療方面能夠助一臂之力。

於是，羅明憲帶領紀邦杰和陳文德等醫師，接受廖菊珍的邀約，踏上這片美麗的山城，展開每個月一次的義診。

一開始，醫師人數不多，來自其他醫院的醫護人員，每次來的都不是同一批人馬。為了讓這些老人家能盡量見到熟悉的醫師，不論去南庄、卓蘭或新社義診，紀邦杰一定邀陳文德同行。陳文德對長者輕聲細語、細心地問候、看診，幾乎都不缺席。

志工、醫師、護理師和藥師，浩浩蕩蕩，每個月約三、四十位，同時邀約義剪師幫長者修剪頭髮，帶活動、比手語、帶動唱、演布袋戲；農曆年前，志工揮灑春聯贈送給鄉親，將歡笑、親情帶入，山城裏多了許多笑聲，不再只有孤寂的狗吠和老朽的呻吟聲，所以長者每個月都很期待，白袍醫療團隊的蒞臨如見到自己子女回家般安心。

醫師除了定點看診，也挨家挨戶走入長者的住家往診。長者會在客廳裏或倚著門扉盼著、望著，一瞄到白色身影，就愉悅地說：「醫師來了！醫師來了！」

每次去義診，陳文德的心情隨著雀躍，那種被患者安心「醫」靠的感覺，是診所裏所沒有的。

二〇〇三年三月四日，陳其昌高壽九十歲往生，羅明憲偕同資深慈濟志工余金山前來關懷。陳文德感動之餘，想要再行布施，盧翠環建議他，「烏日需要成立一個共修處，讓大家可以就近開會、拜佛，方便接引社區會眾。」陳文德毫不猶豫護持，還邀楊雪的表兄楊清標一起共襄盛舉。

「付出不是犧牲，而是一種獲得。」個人事小，午睡的顧慮，陳文德早已不放在心上。他走出診間，自然地融入慈濟團隊，跟著關懷貧病的善循環，連楊雪也加入，一起受證慈濟委員。

陳文德將專業化為助力，心思變得更柔軟、更寬廣，給平靜無華的生活，灑下許多五彩花瓣，這些花瓣隨著漣漪，一波一波地無限擴大。

十、耳穴療法

五月是溫馨、孝親、感恩的月份，街道、里鄰、社區、賣場、公司行號，處處可見朵朵鮮紅、粉紅、粉紫、粉藍、深黃、淺黃等色彩繽紛的康乃馨，象徵母親扮演各種角色的偉大。母親豐厚的恩澤如賜予康乃馨豐饒的養分，孕育出萬紫千紅的豔彩，在這個月盡情揮灑綻放。

除了燦爛的馨香花朵，每年的第二個週日，各地會推出各種五花八門的母親節慶祝活動。二〇〇八年五月十二日，慈濟基金會在各社區舉辦浴佛典禮，報答佛恩、父母恩和眾生恩。這是繼政府於一九九九年將這天訂為「佛誕節」後，慈濟在二〇〇〇年五月十四日的母親節舉行大型的浴佛典禮，並將此日訂為三節——佛誕日、慈濟日、母親節合一的殊勝日子，從此每年五月的第二個星期日，臺灣北、中、南、東均會舉行大型的浴佛典禮，參與的人潮超過萬人。

「禮佛足——接花香——祝福吉祥」，下午三點左右，約四千多位慈濟志工從四面八方擁集而來，臺中市惠中路、市政北五路的綠園道上，藍色、白色的身影如小螞蟻，在陽光照耀下如點點星光流動，為這場盛大的戶外浴佛活動做最後的彩排。

「母親節快樂！母親節快樂！」女姓們被聲聲的祝福包攏著，臉上燦爛的笑容如片片白雲溫柔地披覆於熾烈的陽光上，讓不冷不熱的暖意灑向大地，大地就如母親，給予子女永遠的安適港灣。

然而，天蓋之下，地載之上卻有兩種情。正當臺灣各地在慶祝佛誕浴佛的當下，離臺灣約兩千公里外的四川，在午後校園鐘響的剎那，從地裏迸出世紀浩劫，奪走數千個幼小稚齡生命，撕裂了大地，也撕裂了眾多母親的心。

這片慈濟人還來不及踏上的土地，這些被地震所摧折的母親，可知遠在臺灣海峽的另一端，靜思精舍的證嚴法師正盤算著該如何將她們從悲慟中拉拔出來。

醫師「爺爺」的神奇醫術

五月十四日，臺灣的慈濟志工動員，備妥了六十噸的物資，準備送到災區。隔天，臺灣和大陸兩地志工在成都匯集，第一梯次賑災團抵達洛水勘災。

接下來，一梯又一梯的志工和醫療團，輪替來往於四川、臺灣之間，帶動大人煮熱食、挨家挨戶訪視，想辦法把逃過一劫的孩子找回來，就能把大人的心愛回來。

六十八歲的陳文德被紀邦杰醫師羅列在第五梯次的醫療團名單內。陳文德第一次不是為了觀光而出國，而是能夠發揮醫療專長，他非常地興奮，幾乎無法入眠。

出發前，醫療團到花蓮靜思精舍向證嚴法師告假。法師語重心長地對大眾開示四句話：第一，篳路藍縷；第二，承先起後；第三，發揚光大；第四，深耕人文。

法師對即將啟程的團員殷切叮嚀，「莫因道路平坦，就過於放鬆；閉著眼睛直直走，難免會踢到磚頭。」法師期勉眾人，凡事都要以從頭開始的心情，輕輕踏上、穩穩站定，以柔軟的態度與人互動；放輕腳步、發揮愛的柔軟心，不只站在土地上，還要站在人人的心地上，將大愛永銘於對方心底。

陳文德將法師的話牢牢地刻入腦海裏。猶記得九二一地震發生時，未能如願幫助自己的鄉親，九年後能為血緣相同的大陸苦難受災者助一臂之力，他恨不得有三頭六臂，讓自己更年輕更有精神，盡全力拔除這些失去至親的人，心中的苦。

醫療團抵達四川時，一層厚厚的陰霾還壟罩著受災區。活下來的人在幽苦中翻滾，直往洞裏鑽；被震走的魂魄，深藏滿懷的哀怨，如散入大山的九秋蓬，不著山不落地，整個洛水，豈是一個苦字了得！

洛水國小、洛水國中校園裏，一群大人還在那兒哭。一只一只象徵性的小主人書包，或屬於他的文具就地擺放，這裏可能是他幾秒鐘前嬉戲歡樂的地方，也許是他畫畫、勤讀書的所在，因為一陣無常的來襲，短短的一生，就此畫下句點。

大人將點燃的香枝，一支接一支地插上。每點上一支，就像多了個希望，明知道不可能，還是存著盼望，忘了身邊生還的，還得活下去。第一梯慈濟人見事生智慧，初來乍到就說服大人們動手煮熱食，讓手腳動起來，心跟著活起來。

熱湯麵、鹹粥、白米飯……這些再平常不過的料理，在受災區帳棚內活絡了，暖呼呼地吃下肚，為受驚惶的民眾添上幾許溫暖，撫平了多日來的哀傷。

自古蜀道本艱難，地震造成四川省近三十萬人受傷，醫療資源更是匱乏。慈濟醫療團一到，居民聞風而至。從四、五、十幾里路遠、山的那一邊，天還未亮就走好幾個小時的路，翻山越嶺，跌了又走，走了又摔，爬著，也要來等候。家境過得去的，請三輪車載來，抵達時，剛好清晨六、七點。

陳文德的聽診器一直掛在脖子上，從一大早開始就沒有拿下來過，一個又一個地問診。在臺灣鄉下長大的他，能說得出流利的普通話已是了得，面對四川鄉親的方言，只能靠一旁的小志工翻譯，有時小志工無法全然地講明白，他藉著望聞問切、臨床經驗，診斷對方的身體狀況，把他們的病治了。

時間飛速如梭，一天很快地過去了。金黃色的雲靄逐漸壟罩下來，志工不斷提醒醫護人員，該收拾打包回飯店了。然而，還有一些坐在遠處角落等候的老人，衣衫襤褸，腳上的鞋沾滿塵土與雜草。

雖然義診已近尾聲，志工頻頻來催促，「陳醫師，時間到了，我們要回飯店了喔！」他嘴巴上說好，又讓小志工去招了一位老人來坐下。

時間已經超過四點，義診現場關門的時間真的到了，醫護人員也都收拾得差不多了，唯獨他和關山慈濟醫院院長潘永謙還在看診。陳文德操著閩南語，喃喃地說：「不行啦，人家已經到這裏了，不管怎麼樣，我一定要幫他看。他們住得遠，特別請三輪車來，怎麼可以讓他就這樣回去，每個都要看！」

有位老人家喘得很嚴重，說不清自己是什麼症狀，只會指著胸口說喘。陳文德細心為他聽診，「咳一下！」老人家聽不懂，陳文德示範，咳出聲音給他看，又吩咐小志工倒一杯水給老人家喝，讓他先服藥。

老人服藥後，到旁邊休息一會兒，陳文德讓小志工去問他的狀況，說也奇怪，那老人竟說好多了，看起來真的不大喘了，陳文德才安心地收拾行囊，跟著團隊回飯店。

隔天，他隨著小志工到一位婦人家往診。這位婦人罹患乳癌，乳房潰爛處不停在滴血。她曾去過成都的大醫院檢查，當時癌症只長在局部，醫師建議手術治療，她婉拒了。就這樣擱著一、兩年，整個乳房腐爛，只看得到紅通通的皮肉。

陳文德長嘆一聲，遺憾義診的醫療器材不夠，無法醫治重症病人。他只能清洗患部，用碘酒消毒，再換上乾淨的紗布，吩咐婦人每日要照著這樣做。

婦人咬著牙根，忍著疼痛，連一句「我很痛苦！我快要死了！」都沒有，這令陳文德和志工更不捨。婦人清楚自己的病況，但沒有錢就醫，即使喊痛又能如何。

有些小志工駕著三輪車，載醫師、護士和醫藥家家戶戶去家訪，有他們當嚮導，醫護才能越崖、翻山，走入苦難人家。這些小志工是地震來時逃過一劫的幸運者，可是也可能是家裏唯一倖存的人；有的孩子突然失去許多同學，人生如斷了線的風箏，不知該飛往何處？落在何地？還好藍衣白褲、熱心的「師姑、師伯」出現在村裏，像父母又像長輩地疼惜他們，一梯走了，另一梯馬上接上。

孩子們想，「這些師姑、師伯還帶來醫師、護士，給叔叔、伯伯、阿姨、嬸嬸看病，免付醫藥錢，像是要來這裏長期經營，這是怎麼回事？」慈濟人在他們的生命過程中，猶如春天盛開的燦爛花朵，帶來希望的波紋，在受災區流動著，讓原本哀戚、陰霾的大山熱鬧起來，笑聲多了，人氣也興旺了。

有一位患者不知什麼狀況一直拉肚子，拉到脫水、發高燒，孩子看到陳文德伸手去拿他的糞便來看，驚歎得蒙住臉，不敢相信這是一位醫師的動作。糞便裏沾滿血絲，陳文德判斷：「這是細菌感染，造成他的腸子發炎，我開藥給他吃。」

出國前，陳文德將旅行箱塞滿了藥品，還特地將抗生素放進去，此時剛好派上用場。

陳文德對症下藥，隔天這位患者就不再發燒了。一旁的小志工比著大拇指說：「師伯，您醫術真好！跟您好幾天了，每個都被您醫健康了！」陳文德抬起頭來，問孩子：「你們有想過以後長大要做什麼嗎？」

孩子連考慮都沒沒，肯定地說：「當醫師啊，跟你們一樣幫助人！」

聽到孩子發大願，陳文德像在鼓勵自己的孫子，「好啊！希望有朝一日能看到你們學業有成，當上醫師，回饋鄉里。」

孩子們歡喜地圍繞在他身旁問東問西，很佩服這位醫師「爺爺」的神奇醫術，藥到病除，所以好多位都說將來要當醫師。

地震後的創傷症候群是鄉親普遍的現象，對醫療進步的臺灣而言，任何疑難雜症都能及時獲得醫治，而醫療資源缺乏的四川洛水，受災後的求醫路，更是難上加難。一位媽媽全身上下顫抖不停，陳文德直覺她可能罹患癲癇，送去成都大醫院檢查，果然沒錯。

四川的鄉親們普遍一個月收入不到三百、四百元人民幣，去一趟醫院少說要花上好幾千元，所以能拖就拖，有的罹患白內障，拖到眼睛都瞎了。一個才五十多歲的婦人，皮膚乾癟，臉上布滿深深的皺紋，看上去像七、八十歲的老人家。她雙眼已失明，為了生活依然必須料理家務。

陳文德一股腦兒將不捨帶回臺灣，在花蓮的靜思精舍裏，急切地對證嚴法師報告：「上人，在四川我看到很多人只是白內障而已，因為沒錢開刀，只得擱著，最後眼睛都瞎了……」他哽咽地沒再往下說。

醫師的悲心，法師豈是不知。他安慰陳文德，有規畫「光明計畫」，讓落後地區患有白內障的人，有見到光明的希望。果然，慈濟人醫會醫師在越南、印尼、菲律賓等東南亞地區義診時，為弱勢鄉親施行白內障手術成為日常，受惠者遠超過上百、上千個。

深入耳穴的奧妙殿堂

匆匆在四川五天的義診，能做的總是有限，生病單靠吃藥畢竟不是究竟。陳文德雖然第一次參加國際賑災，仍不斷地思考，有什麼更好、更便利的方法，可以醫治更多人？之前，他聽說有一種「耳穴療法」，可以透過耳穴治百病，便去買書來研究，但是看了後頁就忘了前頁，老是記不住身體的穴位。

在四川義診時，陳文德恰巧與高雄來的吳森醫師同住一房。吳森是耳穴專家黃麗春老師的學生，跟她學了五年耳穴，建議陳文德若有機會親自聽老師授課指導，比較容易入門。

回臺灣後，陳文德無意中收到一份中醫學會寄來的簡章，上有黃麗春來臺中教耳穴的訊息，共十六天的課程，不過已經開課四天了。他趕緊打電話詢問，主辦單位說：「你還是可以來，我們用錄影帶讓你補上前面的課程。」

他抓住機會，當下午休診時就去聽課，共花了九天補課，認真做筆記，聽老師的講解，很快地融會貫通，學習的欲望如當年在學校，每次都極度期盼有新收穫。

剛開始，陳文德不了解耳穴的醫療效果，老師發給學生一百張作業練習，他利用看診的同時，邊做臨床試驗。有一次，陳文德為一位筋骨痠痛的患者貼耳穴，對方說狀況有改善，他興奮地再次問：「真的有效喔？」

對方用力點頭說：「不錯啊！有效！有效！」兩人哈哈笑，好像收到珍貴禮物般，候診的人好奇地探頭問他們：「你們在高興什麼呀？」

「陳醫師多了一項醫術了，我們很有福氣啦！」

陳文德將這些臨床試驗寫成報告給老師，最後拿到結業證書，仍繼續自修、研究、試診。有時沒辦法完全記起穴位，他就像學生時代求學一樣，反覆背誦、一再實驗，若真又忘了，就在患者面前翻書看，將穴位常識分享給病人，除了醫病，還指導病患平時按摩穴道的自我保健法。

「人若生病，可以從自體尋求解藥；自己是最好的醫師，處方可從自己身上找。」有一次，他從一本中醫的醫學專書看到作者寫了這麼一句話，令他百思不解。以西醫的觀點來說，有病就開藥治病是自然不過的事，他從未想過「自體尋求解藥」這個問題。

經過幾個月研究穴道下來，再經過臨床試驗，陳文德漸漸理解作者寫這一句話的涵義——老天爺給予人類具足的人體結構，人類若能懂得善用和珍惜，除了自然法則的老化現象，自體有解除病痛的處方，就是穴道。

老祖宗流傳下來的中醫智慧，如醍醐灌頂，讓他了解人體的許多疾病並非單靠一種方法治療。涉獵得愈多，對於耳穴的研究就愈深。當初他汲汲營營想學耳穴、中醫療法，是因為可以帶著簡單的中醫器材，走到任何地方、任何時間、不需大型的醫療儀器，就可以為人治病。

陳文德一步一步地深入耳穴的奧妙殿堂，甚至進階學習更精密的「微耳穴」。休假日不看診的時候，他除了義診，其他時間都在家裏看書研究，每遇一個個案，就是他深入探究的契機。

眼睛、內臟器官可以透過微耳穴保健、醫治，心臟病除了西醫醫治，更可透過微耳穴治療，中西醫合診的臨床效果，已經有醫學上的實驗證明，可以互補缺失。

數年前，妻子楊雪心律不整，常感全身無力，本想去醫院裝心律調節器，後來陳文德幫她放血、貼耳穴，按摩穴道和服藥，心跳漸漸恢復正常，就不必去醫院治療了。

陳文德常以家人為臨床試驗對象，有時候一種方法行不通，又追加頭皮針、體穴等，多管齊下，不厭其煩地一試再試，除了重症如癌症和骨折外，大部分身體痠痛症，他都可用針灸或耳穴治療，替病患解除病痛，提升生活品質。

八月天，暑氣蒸騰，沒有冷氣的診間擠滿了人，兩部電風扇「呼——呼——」地吹，可能因為人多，呼出來的都是熱氣。有的人熱得受不了，乾脆到外面廊道拿著扇子納涼。

「陳醫師實在有夠勤儉啦，連冷氣都捨不得裝。」

「是啊，從三十幾年前到現在，裏面的擺設還是這樣，只有那張他當初從學校回收來的課桌壞了，才捨得換掉；年輕的醫師看到這種環境可能會待不住。」

「不能這樣說啦，大家來都先問，『老醫師今天有看診嗎？』很多患者都指名找他看。」街坊鄰居正在閒聊，突然一部白色轎車停在門口不遠處，一位小姐走出駕駛座，小心翼翼地攙扶一位老先生下車，向著廊道這邊走來，等候納涼的患者，禮貌性地閃到一邊讓他們過。

進入診間，年輕的患者急忙站起來，讓座給這位走小碎步、好像隨時會跌倒的長者，小姐連續鞠躬兩次向對方道謝。

「來，有卡好無？」診間裏傳來陳文德問診的熟悉聲音。他腳上趿著一雙塑膠拖鞋，襯衫鬆垮地放在褲子外面。他下午與楊雪去走路，回來後沐浴、用餐後，換上這身輕鬆的衣裳，一邊看病一邊與病患話家常。病患如回到家裏，沒有畏懼與拘束感。

扶老先生來的小姐掛了號，環視四周，牆上正中央懸掛著民國六十六年診所開張的大匾額，上面金色的字體，寫著「明道診所」；掛號櫥窗兩側、置物櫃上都是結緣的佛教書物——《慈濟》月刊和證嚴法師的著作，供人免費取閱；還有善心大德們零錢投竹筒，捐出後收到的佛教慈濟慈善基金會收據；再往走廊兩側一看，掛的都是勸人為善的勵志名言。

「在臺中市多的是裝潢氣派的私人診所，這樣有醫德、視病如親的好醫師，診間竟然這麼樸實？不知道的人，還以為他的醫術不怎麼樣哪！」

過了將近一個小時，人潮消化得差不多了，終於輪到他們。小姐扶著長者亦步亦趨地走進診間，陳文德看到長者走路的模樣，心裏已有數。

小姐語氣像學生在做口頭報告，「陳醫師，拜託您，我爸爸患帕金森氏症，嚴重到不能吞嚥了，拜託您幫他醫醫看，看能不能不要再惡化。」

陳文德還未好好消化她說的話，她又急著說：「我只要讓爸爸不要吃藥就好，他現在連吞口水都會嗆到，不太能走路了。」

「稍等一下！」陳文德終於抓到空檔插話，神情訝異地問她：「你……你怎麼會想到要帶來我這裏？他生這種病，一般人都會帶去大醫院拿西藥吃，你怎麼想要來找我醫？」

「不瞞您說，我叫張翠娥，是中區的慈濟人文真善美志工。前幾天在臺中靜思堂出班時，聽到您幫一位演員醫好她的腳，所以我趕快帶爸爸來找您。」

二〇一八年初，張翠娥的父親開始手腳會顫抖，才不過半年，症狀直直下滑。張翠娥帶他去大醫院看，藥也吃了不少，症狀不但沒有穩住還愈來愈差。這一年七月中旬，在臺中靜思堂舉辦七月吉祥月祈福孝親活動，由唐美雲歌子戲劇坊演繹《地藏經．閻浮眾生業感品第四》光目女救母的故事。

有一天清晨，一位演員突然間發現自己無法下床走路，接待組的志工馬上帶她去醫務室找陳文德。陳文德在她的幾個相關穴道留針，又從耳朵放血、按穴道，約莫一個小時後，這位演員已能行動自如，興奮得直向陳文德道感謝，陪同的志工、演員都為她能如期上臺演戲而高興。

人文真善美志工聞風，趕緊從四樓下來採訪，「陳文德醫師」的名聲因此傳到臺北，許多慈濟志工專程坐高鐵到臺中找他看診。張翠娥雖然不是採訪陳文德的志工，但聽到消息，多日來擔憂父親的心情，彷彿有亮麗的陽光衝破烏雲，教她看到了希望，恨不得快速衝回娘家去報喜。

她對陳文德醫師一點也不熟悉，四處打聽他看診的時間和診所地址。

活動結束，工作告一段落後，她立刻開車回娘家帶父親往烏日而去。父親的病不容易好，但她要求不多，只要病情不再惡化，再怎麼遠都要帶他去治療。

「哦，你爸爸跟我同年哪！」陳文德看了病歷，故作輕鬆地轉移話題，緩和這對父女緊繃的情緒。「你是人文真善美喔？我弟媳婦也是哪！你這麼孝順，我盡量試試囉！」

張翠娥這才鬆了一口氣，但又急著補充，「爸爸已經很嚴重了，走路都是小碎步，連吞口水都有困難，只要能讓他不吃藥就好，看有沒有什麼辦法，反正就是死馬當活馬醫，您就幫忙一下，試試看……」

陳文德安撫她：「好啦，你都帶來了，我就試試看，不過……我從未治療過這種症狀，不知道行得通嗎？」他從患者的「百會」開始扎針，扎完請老人家右手動一下。「咦，可以喔！」繼續扎針其他穴位，再貼耳穴。「來，站起來走走看！」張翠娥緊張地趨前要扶住父親，老人家卻自己跨出步伐了，穩定地持續跨出兩、三步，不需要人扶；這時，張翠娥的表情才化僵硬為微笑。

「好，請坐下來，我再針。」陳文德按一按老人家的穴道，然後留針，一個小時後，又打一劑高單位活性B12營養劑，拿了很多保健維生素請他帶回家，叮嚀他若能吞就要吃。

隔天，張翠娥打電話回家詢問父親的狀況，母親高興地說有改善，令她信心十足，隔一週又帶父親去掛診。陳文德拿出一本原文書給張翠娥看，為了醫治老人家的病，他開始研讀帕金森氏症的醫學書籍。張翠娥雖然看不懂，卻感佩陳文德的敬業和誠意。

再隔一天，她又帶爸爸去掛診。陳文德讚歎地說：「我被你的孝心感動了，我一定想辦法幫你爸爸的症狀緩和下來。」幾週後，她的父親走路步履愈來愈穩健，不用人扶，可以在診間來回走好幾趟了。

陳文德沒有想到中醫耳穴療法能有這樣的突破，像寫好一篇論文似地雀躍，迫不及待去找隔壁羅患類似症狀的老鄰居，按照同樣的方式幫他扎穴道，真有明顯的改善。

經過了半年，冬天時節，張翠娥的父親羅患肺炎，來來回回住院兩個多月，最後必須帶著尿管、鼻胃管回家。病人一旦倚靠插管生活，時間久了，身體的部分器官會漸漸失去功能，要拔管更難，最終只能選擇入住安養中心。

事親至孝的張翠娥，不願看到父親入住安養中心，除了定期帶去給泌尿專科的人醫會醫師紀邦杰醫治尿道問題，也勤跑烏日去讓陳文德做中西醫治療，連母親一併帶去。

陳文德先吩咐護理人員：「來，倒一些水給他喝喝看。」老人家沒有靠自己的喉嚨吞嚥將近兩個月了，連含一滴水都難，陳文德又一次次地為他扎針、留針。

「陳醫師，您可不可以順便幫爸爸看褥瘡？」張翠娥指著父親的腳踝，那是他在醫院躺兩個月所導致的，因為有糖尿病，總是時好時壞。

「你去樓上拿臉盆來！」這一天已經晚上九點半了，楊雪下樓來準備整理掛號的病歷表，陳文德卻要她再回樓上拿臉盆。張翠娥心裏正納悶，「拿臉盆要做什麼？」

「裝一些溫水來。」陳文德又吩咐楊雪去裝溫水，然後蹲下身來在老人家面前，自言自語地說：「這傷口要先洗乾淨，再來消毒、擦藥，這樣才會快好。」

他輕輕地為老人家搓掉壞死的皮膚，慢慢按摩，連四周都洗得乾乾淨淨，然後擦乾，再淋上生理食鹽水，擦碘酒。

「唉唷！這樣可好？爸爸，陳醫師跟你同年齡哩，他這樣幫你洗腳，你要趕快好起來，才能報答陳醫師的恩德。」

就這樣，一個星期兩次就診，加上固定至醫院回診，兩、三週後，老人家終於拿掉鼻胃管，恢復正常進食，連尿管都拔除了。

從臨床醫病中，陳文德更確信耳朵的穴位和全身各器官有相通的電路，身體各部位的反射區，透過刺激耳朵的許多穴道來打通身體經絡，能幫助「氣」通過，藉此改善身體不適的問題，達到治療的效果。

他將此原理運用得淋漓盡致，不藏私，不僅治病，還引導病患了解基本經絡常識，花精神製作、印成全開的單張，小本、大本的經絡圖分送給病患，鼓勵患者若身體有小毛病，平時多加按摩保養，打通經絡，血液循環好，人就會少病痛了。

十一、怎能休息

自二〇〇八年去四川洛水賑災、義診後，陳文德連續又去了四川兩次。而後學成耳穴療法，他將愛帶到貴州，帶去他走得到的地方。以前他難得出國，去美國為的是探望兒子、媳婦、孫子和女兒們，匆匆忙忙停留兩個星期，就因放心不下病人，急著飛回臺灣。他曾對自己說：「去旅遊太浪費時間了，倒不如利用時間來看書、服務病人。」

二〇一一年五月，他去了一趟日本，不是去欣賞櫻花，更不是去踏雪，而是去幫那些失去家人、財產，一無所有、孑然一身還在急難所避難的傷心人。

老醫師隨團守護

那年，日本發生震驚全世界的大海嘯，造成兩萬二千多人傷亡，陳文德跟著第四梯慈濟賑災團，在五月踏上那塊受災難地。抵達福島縣，已是災後兩個月了，仍可看到倒塌的樓房阻擋去路，和部分來不及整修、扭曲變形的柏油路，可想當初海嘯的威力，就如數隻海獸，欲致人於死地凶猛，捲走了人、房屋、所有財產，讓人措手不及。

賑災團選定離受災區開車約兩個多小時的旅館下榻。每天清晨六點多，志工從此處出發去受災區發放。雖然已進入春天，東北的清晨約莫攝氏十度上下，冷颼颼的寒氣逼人；女眾們圍緊圍巾，男士們不敢輕易脫去外套。

第一天，團員還不太熟悉彼此，個子高過其他人一個頭的陳文德，被臺北來的慈濟志工文素珍認出，他就是前一晚自我介紹的那位「醫師」。

文素珍心裏納悶，「這位醫師看來年紀有點大，賑災發放很辛苦，又只有他一位醫師，怎麼協助整個受災區的醫療需要呢？不會被累垮吧！」

後來她才知道，陳文德只是隨團服務，若志工在發放過程過於勞累或有小許症狀，都可找他看看。

活潑大方的文素珍感覺這位醫師憨厚、樸實，主動上前打招呼：「陳醫師，我們都很好、很健康，您要不要教我們一些自我保養的方法呢？」

陳文德表情有些靦腆，笑笑地說：「好啊，你手伸出來！」他在她的手背、手指尖按穴道。

「哇！好痛唷！」文素珍一聲喊出。

「痛即不通。平時多按按，循環就會順暢。」陳文德習慣性地傳授按摩方法。

「不過，感覺整個人精神都來了！不錯啊！」文素珍說。

其他人看到了，都圍了過來，紛紛伸出手給陳文德抓抓、按按，「陳醫師，我也要！」「還有我！」

經這麼整治後，原本受冷風吹拂而縮著脖子的女眾，個個都抬頭挺胸，頸子伸得長長的，眼睛睜得好亮。整天工作下來，不再容易疲累。所以，每天早上在飯店大廳等候出發時，臺灣、日本的志工都很自然地圍到陳文德身旁，將兩隻手伸給他按穴道、指壓。

日本慈濟志工向當地借學校作為發放地點，眼見校園受到海嘯蹂躪，地板被大水沖過，四處坑坑洞洞，離下車的地方有好長一段距離。她們全是一群娘子軍，災後第五天即進入受災區煮熱食，膚慰、安撫受災民眾，而今這樣的發放場地，對她們而言，實是體力上的一大挑戰。

日本人個性內斂、含蓄，面對無常，不易表露悲傷，而今受災，身心俱疲，可想而知。可喜的是，有當地民眾主動前來協助翻譯，臺灣志工才能補位，陪著一區一區去發放，並與受災民眾互動。

陳文德隨同志工發放「御見舞金（急難救助金）」，有需要時幫疲累的志工貼耳穴，緩解痠痛，整天下來雙手幾乎沒停歇過；日本慈濟志工與來領見舞金的鄉親談心，文素珍和幾位臺灣志工在生活組忙著泡茶水、剪開鳳梨酥包裝紙，奉送茶水、點心。

第三天，一位協助翻譯的日本志工，手扶著腰，說腰痛到無法再繼續跟團隊走了。慈濟人挽留他，但他擔心不能幫忙又造成團隊的負擔，堅持要回家去。

文素珍想，翻譯人手已是不足，臺灣的志工不懂日語，膚慰災民很需要他們協助翻譯，這個人若回去，該怎麼辦呢？

透過翻譯，文素珍不斷鼓勵他：「我們很需要你，你很重要。我請陳醫師幫你看看；他會針灸、耳穴，說不定可以讓你舒服一點。」對方勉為其難地點頭。

陳文德細心地為他診斷，針對痛點貼耳穴、扎針，約莫過了半個小時，他感覺腰不再那麼疼，走路跟平常一樣正常了。病痛解除了，他緊蹙的眉頭也敞開了，笑容出現，高高興興地融入團隊工作去了。

文素珍好奇地走了過來，問陳文德：「陳醫師，您是用什麼法寶，讓他這麼快就好了？」

「他可以撐幾天，應該沒問題！」陳文德說：「出門遇到這種狀況，中醫穴道療法真的能派上用場，既方便又不需要很多器材。」陳文德能獲得日本人的信任，為他們醫病，很有成就感。

發放的工作千頭萬緒，變化球多到接不完。每天早上，總領隊陳金發就上緊發條，從小細節的打點到大方向的操盤，交代志工負責的細項，有條不紊，面面俱到，時而不忘到每一駐點站給予志工關懷，只留疲憊和憔悴在臉上。

「陳醫師，感恩您啊！不要太累喔！」這一天，陳金發來到陳文德的駐點寒暄問安。

「師兄，你比較辛苦啦！對了，上次給你的膠囊，吃得如何？」

陳金發搔搔頭，從三月開始就往返於日本、臺灣兩地，全心貫注在賑災工作上，一時想不起來陳文德提的是什麼膠囊。陳文德說：「就是在四川賑災時，我給你一包保肝膠囊，你現在身體狀況還好吧？」

陳金發這才想起三年前在四川洛水賑災時，可能過於疲累，臉色蠟黃，不像過去總是氣色紅通、容光煥發。那時陳文德關心地問：「師兄，你是不是太累了？我這裏有些膠囊，你拿去吃吃看。」

出門前，陳文德將一包保肝保健膠囊塞進行李箱，本來要發給志工們，但是只有兩百顆，為數不足，他索性全數掏給陳金發。「這膠囊對身體各方面的調養很有幫助，這一小包你留著。」

「咦！我感覺身體不錯呀！」

「那我回去再寄給你。」

陳金發順口回答好，因為還有很多事要處理，就走開了。沒想到一回到臺北，沒幾天，果真收到陳文德寄來一大桶的膠囊，且特別叮嚀：「你要常常吃！我自己也在吃！」在四川時，陳金發以為陳文德說的是客套話，這分重情重義的真性情，讓他既感動又感恩。

時間匆匆過了三年，沒想到他們因為三一一海嘯賑災因緣，在日本又彼此相見了。日本賑災圓滿後，陳金發持續到大陸雲南各地發放，都將膠囊隨身帶著吃，身體無恙。

過了一年，陳文德又寄去一桶。陳金發有感受之有愧，又不知該如何啟齒請陳文德不要再破費。一年歲末，他隨師到臺中靜思堂，到醫務室向人醫會醫師們寒暄與道感恩。陳文德看到他，馬上從等候問診的眾群中站了起來，熱情地打招呼，不忘問陳金發最近身體可好？陳金發忙說這幾年身體真的沒有什麼大毛病，笑哈哈地說：「很多人都說我變年輕了，感恩您，真的不要再破費了。」

陳文德也笑呵呵地說：「有影喔！（真的嗎？）」言談中深藏助人的成就感和欣慰。陳文德讚歎陳金發在當領隊時，對所有志工無微不至地疼惜照顧，順利完成證嚴法師交代的任務。

汲取新知做治療

春天，百花盛開，草木蓊鬱，鳥群啁啾，花蓮的天空顯得特別的藍，一天裏雲靄變化多樣，時而如花兒朵朵，時而如鬆軟的棉花，輕輕地，愛飄到哪兒就飄到哪兒。

每年春日一過，實業家靜思生活營會在花蓮展開，許多在社會上呼風喚雨的公司主管或習慣生活於優渥環境的實業家，突然間受到百般約束，進出要排隊，服裝儀容要整齊，晚上上課至九點，隔天五點多就得起床，繼續排隊上課……

慈濟志工很貼心，擔心實業家們受不了，時時陪伴於旁服務。周麗香個性熱誠，人又親切，嬌小的身影來來回回穿梭，主動在學員休息時間上前噓寒問暖。

對於有些剛從海外回來，生理時鐘突然改變的學員，若有任何生活上的需求，周麗香都殷勤地服務到家，讓學員們像回到自己家般的自在。

許多學員因作息步調太過緊湊，水土不服而頭疼、便祕或血壓過高，課程間隔時間才二十幾分鐘，周麗香連續帶了七、八位學員到醫務站就診。她全程陪伴在旁，與學員話家常，紓緩他們緊繃的情緒。等學員紛紛回去上課後，她才有空坐下來歇息。

陳文德打趣地對她說：「我觀察你三天了。你實在夠雞婆。我覺得你一定會帶很多人來給我看。」

周麗香有點納悶：「為什麼？」

陳文德說：「因為我會治療膝蓋退化的毛病，你若知道我的專長，一定會帶很多人來啊！」

「哦！真的？這我倒不知道。」

其實陳文德指的「帶很多人」，並非他想讓自己診所的生意更好，而是服務慈濟人的一分真心。果然那次之後，周麗香只要聽到哪個人因年紀大有膝蓋退化的問題，就會跟他們說：「我帶你去給陳文德醫師看。」

黃月春是慈濟的榮董幹事，常要在活動中負責招待貴賓。一場活動下來，她要忙個數來天，加上日常的慈濟勤務，總是閒不下來。她從小勤奮勞動，擔重物、下田農作，膝蓋過度利用下，關節受損嚴重。年紀大了後，膝蓋因退化，疼痛得厲害，曾經四處求醫，依然沒有改善多少。

有好幾次，周麗香建議黃月春：「你去烏日給一位師兄打針啦！」

「很多人常熱心地介紹我去給某某醫師看，實在很難判斷去或不去？到底有沒有效果？」她以為周麗香說的打針，就是打玻尿酸。

「唉呦！甘美華的媽媽八十歲了，注射後效果良好。你才五十幾歲，怕什麼？」周麗香不改熱情的本性，積極地勸說。

「啊！她年紀那麼大了，還敢打膝蓋喔？」意思是在膝蓋打針。黃月春舉棋不定，下不了決心，找了慈濟志工林美蘭問：「美蘭媽，你膝蓋不是會痛嗎？聽說烏日陳文德醫師可以幫忙打針，你要去給他看看嗎？」

「要啊！我的膝蓋痛到幾乎無法走路，就在想找時間去給他看。」

「好啊，我載你去。」黃月春想藉機了解陳文德施打的是什麼藥劑？

陳文德看到慈濟志工來，熱誠地視如家人，對她們說：「我就愛看書啦！有一次從書裏讀到一則報導，美國醫學界研究出一種高濃度的葡萄糖，對膝蓋、軟骨康復、肌腱炎有修復的效果。我請女兒從美國寄書回來，讓我先做臨床試驗。」

當然，他先幫妻子楊雪、姑姑、表妹們打，有明顯的效果。「我表妹在美國打一針，要五百元美金哪！」陳文德提到的葡萄糖，注射在退化的關節縫、韌帶接骨點或周遭的組織，可以誘發組織修復，增生新的細胞，達到治療的效果。從二〇〇五年開始，他便以這種高濃度葡萄糖增生療法（Prolotherapy）醫治病人的膝蓋。

其實陳文德說的醫學原理，黃月春一點都聽不懂，只知道林美蘭注射六次，經過四個療程後，膝蓋的疼痛果然有改善，才生起信心，兩人時常相約同行。

「陳醫師，我和美蘭師姊晚上要再去給您打針喔！」每當黃月春打電話來，陳文德會特別交代說：「你們不要太早來喔！要不然整間都是人，耽誤其他病患看診就不太好，九點過後來比較好！」

她們晚上九點準時到。陳文德忙了一個晚上，在沒有病患等候的壓力下，精神全來了，話匣子一打開，沒停過，好像見到知心朋友，憋在心中很久的話，不吐不快。

接近晚間十點，楊雪下樓來拿掛號資料，聽到他們有說有笑，走過來說：「他今天要說的話，全都搬出來給您們聽了。」大家聽了哈哈大笑。

陳文德服務法親時，是如此坦蕩快樂、輕安自在。一邊打針一邊聊天，針打完了，差不多話也聊完了，林美蘭與黃月春回到家，有時已經是晚上十二點了。

在人醫會或在榮董聯誼的場合，志工若請陳文德上臺分享，他總自謙地說：「我口才不好，不要找我上臺分享，我不會講話！」縱然言語樸實無華，但所說的都是真誠的言詞，不打誑語的真材實料，就如不噴農藥、不灑肥料的有機農產品，依天地而生，毫無綴飾，是他實際「做」出來的人生道理。

再一次，黃月春又去找陳文德打針。他裝了滿滿一針筒的葡萄糖，抓準痛點注射完後，又去倒滿第二筒，「還可以，還可以再打就多打。」「唉唷！陳醫師，你都不惜成本啊？實在有夠誠意的，真正感心！」

「能幫上人照顧他的弟子是我的使命，這是應該的。」陳文德有著憨厚的真誠。高濃度葡萄糖液成本不貴，陳文德只酌收病患的部分負擔和掛號費，對照顧戶不收費。至於慈濟志工，連掛號費都沒收。能改善病患難治的疾病，他就覺得很歡喜。

黃月春一雙眼睛盯著注射的針頭，針剛打進去的那一剎那，真的痛，但當藥劑注入關節後，痠痠麻麻的，就不怎麼痛了。

「好了，這些打不完。」陳文德將針筒抽離針頭，將剩下的葡萄糖液往自己的嘴巴送，黃月春看得兩眼發呆，「啊，你怎麼吃下去了？」

「不要拍損（浪費），這是營養劑，可以吃，沒關係！」陳文德的直心、勤儉，令黃月春震撼。若換成其他人，可能剩下的葡萄糖液直接丟入垃圾桶，「您不收法親半毛錢，但惜福愛物的精神，真的可敬可佩！」

黃月春感佩地說，「陳醫師，我若能行走順暢，我會連你的份（善事）一起做。」他說：「好好，一定、一定盡力。」打完針，陳文德雙手合十地對黃月春說：「感恩啊！」

「陳醫師，您怎麼向我感恩呢？應該我要感恩您才對啊！您又不收錢，下次我哪敢來？您德無缺、愛無量，真的不是普通的修養。」

「沒有、沒有，我不會講話，只會做而已。你腳若能走就盡量做、盡量付出，幫師父多擔一點，就值得了。」

黃月春舉起大拇指讚歎，「陳醫師，您真是人如其名，文質彬彬、有修養，很實在又有德，令人欽佩！」

時間像飛箭，轉眼又是新的一年。每當臺中靜思堂有大型活動，黃月春要做茶食，又要協助招待，走得多、站得久，膝蓋就會隱隱作痛，有時抽不出時間去打針，她撥電話給陳文德：「陳醫師，你明天會到分會值班嗎？如果會，我順便給您打針，實在找不出時間過去。」

陳文德說好。隔天中午過後，真的來了，為黃月春打完針轉身就要離開。「陳醫師，您不是要留下來值班嗎？」原來陳文德犧牲午休的時間，專程來打這一針，令黃月春很過意不去。

「唉唷，這怎麼好。您專程來幫我打這一針，我會拍謝啦！」

「無要緊、無要緊，一下子就好了。」

有時黃月春讓兒子載去打針，陳文德看到孩子皮膚有乾癬，很熱誠地說：「來，我幫你針耳穴，幫你放血。」

「你看，這位師伯很親切喔！」

兒子說：「是啊！你們慈濟人都是這樣。」

烏日據點多用途

陳文德古道熱腸的個性，不只對法親、對慈濟人的眷屬同樣殷勤照顧，對於社區事務更是熱衷付出。烏日地區中華路段的一處環保站，原是黃鎮乾提供的土地，面積約三十坪，將近十二年的時間，招引愈來愈多的志工投入。尤其一些年長者以做環保當作日常運動，身心歡喜又健康。

二〇一二年，這塊地被收購蓋屋，只好清地歸還。環保志工突然間沒有地方可去，烏日慈濟人到處探詢找適合的場地，最後在九德國小附近賃租一塊廢棄的空地，簽約十年，成立了九德環保站，占地一百三十坪，幅員寬闊。該地鄰近住宅區，志工走路就可以去做環保，心裏踏實多了。

雖然環保站有了著落，但畢竟不是長久之計，慈濟人擔心有一天又得還地搬遷，希望有機會購地，作為永久的共修處和環保點。陳文德心裏有一個願，如果有適合的土地，他想買下來供做社區永久使用，讓這些老邁的志工能輕安自在地做環保。

他曾經問黃月春：「你在潭子提供出來的環保站，好像做得不錯，對吧？我很想將烏日一塊地買起來給社區做環保站。」

九德環保站的土地使用到第五年時，被地主的兒子賣給土地開發公司，對方訴求法律途徑試圖索回，但慈濟人有約在先，無法強求。

同時間，慈濟志工卓麗鳳夫妻無償提供給社區使用的共修處，因政府欲徵收而必須收回，沒有共修處又沒有環保站，一晃眼一年快過了，他們很著急，不知該怎麼辦？有人建議找陳文德討論。

在烏日慈濟人的心目中，陳文德是位慈悲、熱心的長輩，為人處事，令人極為尊敬。社區若有人事問題或擺不平的事，只要請他出面，有事的人多半會退讓三分，紛爭自然平息。

有時，慈濟志工的家人身體不適，一通電話打過去，陳文德即使已經下班或是假日，還是說：「來來來，你現在過來。」不收掛號費、不用健保卡，不管對方平日的行為好或壞，陳文德都會幫他治療。

「陳醫師，我們一起去看地如何？萬一這塊地又沒有了，那怎麼辦？」一位志工問。

有慈濟志工建議，「要不然，我們找一天回花蓮請示上人，讓上人給我們一個方向，給我們祝福。」

秋末冬初，一個氣候溫和、晴空萬里的好天氣，他們回到了花蓮，將事情的來龍去脈稟告證嚴法師。法師如母親般，語氣輕柔地祝福說，希望彼此能歡歡喜喜，在合理的狀況下簽約成功。

有了法師的祝福，志工信心倍增，回到臺中後，委請仲介前去跟土地開發公司商談買地的事，幾次協商下來，對方點頭了。

選定一天，他們穿著便服來到土地開發公司，準備和對方簽約。陳文德走向櫃檯，跟辦公的小姐們寒暄問候，「我是慈濟人醫會的醫師，今天陪他們一起過來的，我會耳穴、穴道按摩，看有沒有需要我為各位服務的地方？他拿出經絡示意圖，送給每人一張，教導她們穴道按摩法。

陳文德彬彬有禮，儀態莊嚴，展現醫師專業的素養，與他們互動中，氣氛溫馨平和。過了個把鐘頭，他們與開發公司歡歡喜喜，雙方簽了約。原本有意願購地作為環保站的陳文德，拿出老本，與慈濟志工黃陳淑惠的醫師兒子合資購入，烏日的慈濟志工終於有一個屬於自己的環保點了，還可規畫為共修、拜佛的地方。

「哇！有夠香的！」

「是啊！今天是我們烏日大喜的日子，當然要準備得豐沛一點。這裏有菜頭粿、水果、茶點，等一下一起來搓湯圓，慶祝我們的環保站永永遠遠，圓圓滿滿。」黃陳淑惠和志工們準備著餐點，臉頰上的喜悅，始終沒停過。

烏日區的九德環保站座落在九德里長春街的巷弄裏，緊鄰九德國小，一旁的小公園是鄰里民運動的地方。每日晨曦初透，環保站陣陣飯香四溢，家的幸福味道，就此展開。

此處占地一百三十坪，有八棵大樹圍繞，鳥兒棲息其上，環境清幽，又臨近社區，年長的志工可以走路來做環保，免去無交通工具的煩惱。此地後來又闢為慈濟長照關懷據點。

二〇一九年十一月二十九日，九德環保站成立，作為烏日慈濟人永遠的家，靜思精舍兩位常住師父特地前來祝賀。陳文德在診所守著病人的健康，不克前來共享這幸福的一刻，由楊雪與黃陳淑惠代表接受常住師父的祝福！

生於斯、長於斯，顧鄉親的健康，是陳文德當年開診所的初衷，原本外甥在診所幫忙，但因故離職後，八十幾歲的陳文德，又重回過去的模式，一週六天上午、三天晚間看診，持續為鄉親服務。

他從不喊累、不說苦，即使在二〇二一年五月中旬，臺灣因新冠疫情確診人數居高不下的情況，有人勸他暫時關閉診所，他仍堅定地說：「在這個時候，我絕對不能休息。我不能破壞醫界的名聲，更不能損了慈濟人醫會的名譽。」

他常對慈濟人說：「以我的年紀是養老的時候，但還能讀書、作研究，表示上天要給我再救人的機會。所以我要多付出，看更多的書。不然，這麼老了，無常隨時會來，可能明天就會走掉。」

環保站裏，雀鳥在枝椏間雀躍蹦跳，八哥鳥悠閒地漫步，完全不怕生地四處張望著，顯然把這裏當作自己的家。

藍天白雲如一幅油畫，色彩分明。環保站裏的志工各司其職，有的剪寶特瓶蓋、有的蒐集打包帶、有的分類，另一角落兩位志工分工合作，專注地將回收的沙拉油製作成肥皂……

陳文德每個月一次在環保站做健康諮詢，七、八十歲的年長者見到他如見到老朋友，熱情地說：「陳醫師，感恩您啊，您都沒有休息。」

陳文德也感染到這股新氣象，笑得好燦爛，「怎麼能休息呢？我要跟你們一樣，做到最後一口氣啊！」

十二、心中願景

口述．陳文德

創造生命價值

人生不過幾十秋，轉眼就過去了。證嚴上人常說，「是日已過，命亦隨減，如少水魚，斯有何樂？」所以我們要在短暫的生命中，創造有價值的人生。

我想，人生的價值，不是擁有多少的財富、多少吃喝玩樂，而是幫助過多少人，對社會付出多少貢獻。所以，我願時時做他人生命中的貴人，付出無所求，又心懷感恩，才不愧做證嚴上人的弟子。

學然後知不足

醫療科技發展很快，若沒有時時進修，參加醫學會或研讀醫學雜誌，很快就落伍了。有機緣入慈濟門，在菩薩道上，我願跟隨證嚴上人「四大八法印」的腳步，了解慈悲濟世的脈絡，天天薰法香，看《人間菩提》、週末的《菩提心要》、證嚴上人的《衲履足跡》，加上靜思出版社的各種文物，尤其對《靜思語》更認真地閱讀，希望福慧增長。只可惜人已老邁，根機鈍劣，記憶力差，發揮功效有限，真是慚愧。

不忘行醫初心

年少時，因為家貧，生活物資欠缺，吃不得飽，穿不能暖，居不得安，體弱多病，營養不良。病時多以草藥治之，難得到醫院看病，致我早時即以行醫為職志，可以救己又救人。失學多年，又能如願走上行醫之路，常常自省，這是上天賦予我的使命。

當個好醫師是我努力的目標，要視病如親如己，醫人、醫病又醫心。有醫術者，要不斷地吸取新知，不斷地求進步，使病人得到最正確的診斷和有效的治療，要活到老，學到老。

醫德雖好，醫術不好，也不是好醫師。眼看、耳聽、口問，用手小心觸診，如中醫的望聞問切，用心、細心、耐心地診斷，比昂貴儀器更重要、更精確，這也是做好醫師必備的條件。要經過眼、耳、口、手這四道最基本的物理檢查過程，用心依照各科病況分析病情後，我才心安，才會減少錯誤的診斷。

良好的醫病關係，也是好醫師具備的。只要把病人當成自己的家人，給予愛和關懷。醫師對病人付出愛，病人對醫師又有感恩心，醫病關係就是愛與感恩而成的善循環。

二十年前，有幸成為證嚴上人的弟子，覺得非常有福報。我以做慈濟人為榮。因為上人秉承佛陀「無緣大慈，同體大悲，人傷我痛，人苦我悲」的精神，創造慈濟功德會，在臺灣或世界其他地方，當災難發生時，上人不忍眾生受苦難而操心。

慈濟人走到最前做到最後，膚慰苦難，「師父心，弟子心」，慈善、物資、醫療資源齊備，使受苦難的災民安心、安身與安生，截至二〇二一年，受到救助的已有一百二十多個國家。

已屆殘燭之年，我要將救助貧病的心願，發揮得更廣更遠，否則只是生於斯、長於斯、歿於斯的庸庸碌碌草地醫師罷了。

生生世世的願

做上人的好弟子，對的事去做就對了。因為上人說，做對的事是智慧，做不對的事是愚癡。

我要愛上人所愛的人，做上人要做的事，如法親關懷。我的專長是醫療，願盡所能誠懇為慈濟人服務。尤其是退化性引起的各種筋骨關節的疼痛，使患者能早日解除痛苦，為慈濟人貢獻心力。

不求安逸享樂，我要活到老學到老。為了得到病人的信任及正確有效的診治，願窮我畢生之力，不斷地學習精進。因為我的快樂是從治癒病痛及付出中得到回饋。

我要把握身體還能工作的機緣，恆持「志為人醫」的初衷，為貧病者付出，廣結善緣，做到身體不能做為止。身為醫師應背負醫人、醫病又醫心的使命，若放棄這使命而求享樂，等同上天賜食而倒棄一樣。故要珍惜得之不易的機緣，做病人生命中的貴人。

上人為愛護眾生、拯救地球及人類身體健康，鼓勵人人茹素，家母和慧命的母親——證嚴上人都苦口婆心，教我們向大眾宣導齋戒茹素，愛護眾生，保護地球環境又可促進身體健康。上人認為時間來不及了，非素不可、非說不可，非推動、非力行不可（家母信奉一貫道，茹素六十多年，不曾有筋骨痠痛之症，享年九十六歲），所以，我願逢人勸素。

更要感恩所有信任我，願意把生命交給我醫治的病人及家屬，因病人是我的老師，沒有他們，再高明的醫術也無從發揮。這有如天上的太陽，若沒有大地上各種生物須它來照護，也顯不出它的偉大。

行醫迄今五十年，因為長久建立很好的醫病關係而相互信任，感恩上天護佑，從沒有過醫病糾紛的事情發生。

我要常以法水潤心地，不讓無明揚心塵。入佛門一定要聞法，聽法入心，用在日常生活中，境界來時才不會起心動念，意隨境轉。一直向正確的方向精進，入群處眾，為苦難人付出，福慧增長。法入心，則心中不長無明草，識中常開智慧花。

希望兒孫都能做慈濟，以善以愛傳家，個個都能在職業上守本分，做該做之事。如醫者遵守醫道，不貪不取，還要富有愛心，傳承善良家風，幫助需要幫助的人。

再者，不忘上人對弟子交代的使命，佛心師志及傳承靜思法脈，弘揚慈濟宗門。內修誠正信實，外行慈悲喜捨，追隨上人行在菩薩道上，為苦難人付出。福在人群中造，慧在人群中得，福慧雙修。

我願命終時，如屬意外，願捐有用之任何器官，遺愛人間；若是壽終正寢，願做大體老師；如有功德，願回向給學生時代曾教過我的大體老師，及在實驗室奉獻給醫學研究而犧牲的眾生，感恩牠們教我醫療知識。

我希望來生也能當醫師。當醫師是一種福報，因為醫師天天都可以幫助別人，是最容易行善的志業。但先決條件，醫師本身要具備好的醫術和醫德，否則也會傷害病人而不自知。

最後，願生生世世乘願再來，為人群服務！

附錄一

我的先生陳醫師

口述・楊雪

我如果知道他會當醫師，我真的不會嫁給他；如果當時他已經當醫師了，他也不會娶我。我們學歷差那麼多，我才國民小學畢業，他怎麼看得起？這都是夫妻姻緣天注定，不然我要嫁給誰？寧願不要嫁。但是以前的女孩子不能不嫁，一定要結婚，可是別人介紹的，我也沒有去（相親）。

我小時候很嬌縱，還會欺負他。我們讀同一間國小，五年級才不同班，所以他會說我：「那麼凶，恰查某！」

那時，他還不想娶老婆，我們結婚是他的阿嬤指定的。那時他們家缺做事的人，阿嬤說缺人手來煮飯，要他娶太太來煮飯、做家事。

還沒結婚的時候，他曾跟我說：「嫁來我們家就是要做（事）。」所以我一嫁過來就開始煮飯、照顧阿嬤，還要下田工作。他們家就是這樣子，做到現在我還在做。

我嫁過來什麼都不會，連飯都不會煮。以前婆家種麥子，請七、八個……十幾個工人來割麥子，必須提供點心給人家吃。他們說，要煮飯拌鹹湯，有個鹹的可下飯，菜泡一泡就好了。

我記得第一次煮焦了，怕被阿嬤罵，就把飯倒到廚餘桶，重新洗米、重新煮。以前煮飯沒有瓦斯可用，要去撿柴、劈柴、挑水，有一次跟姨婆去撿梔子樹枝回來，剉成一段一段，或撿亞麻回來，切成一塊一塊；有時候也跟公公去麥子酒廠撿竹簍回來，剁一剁當柴燒。

其實小時候，媽媽很疼我。我國小畢業後到紡織工廠上班，不曾這樣子做過家事，也沒有種過田。爸爸、媽媽擔心我嫁人會被欺負，他們跟我說：「這個小孩子（陳文德）很乖又認真，長輩做人也很好。」

以前的人，結婚前不能去對方的家，我也不曾去過他們家。可是嫁了，我很認命，一定要做（事）。我必須做媳婦該做的事，要不然要去哪裏？跑了會被人家笑。我不要讓左右鄰居看不起，所以一定要忍耐。媽媽很疼我，來幫忙煮飯，我就可以下田去工作。

那時候什麼工作都做，雖然很辛苦，還是做。現在回想起來覺得很奇怪，以前怎麼那麼會做，怎麼那麼有體力，我一個人竟然可以做四個人的工作。

結婚後，隔年生下阿祥（大兒子陳榮祥），後來陳文德到臺北讀書。一九六四年要生第二胎阿珠（大女兒陳淑珠）的時候，肚子很痛，沒有人在家，四、五個小時，只有我一個人在家裏痛得打滾。在床上生下小孩，小孩在哭，我都不敢看，不曉得生得怎麼樣？天亮後，二叔才騎腳踏車去請產婆來幫忙剪臍帶。

我生五個小孩，每次產後都沒有奶水，需要先餵三、四天的糖水。以前什麼物資都沒有，哪有什麼葡萄糖，可是每個孩子都養得那麼健康、那麼高，也不會比別人瘦小。陳醫師在臺北讀書，回家時我也沒跟他講這件事。以前，從早忙到晚，沒時間跟他說什麼話，現在我們都老了，比較有話聊。

生完孩子，媽媽說我帶那麼多個太辛苦了，阿珠一歲時斷奶了，媽媽帶回去養到七歲才帶回來。以前的生活真是苦，五個小孩都差一歲至兩歲，又沒什麼玩具，大人也沒空照顧，鄉下四合院前面的廣場很大，當時家裏有養雞，到處都是乾掉的雞屎，我把孩子放在前面的庭院，讓他們自己玩。鄰居阿市常常說，「你們第二的（孩子）都撿雞屎來吃。」沒辦法，實在沒時間照顧，到了晚上才叫回來洗澡。

我一天的行程，一早起來是做便當。堂姊約四十歲往生，她先生也很早往生，孩子和阿祥一樣大，沒有爸爸、媽媽，正在讀高中，馬上準備考大學，陳醫師不忍心，讓他來家裏住了將近兩年，所以我一天最多要準備六個便當。

除了準備便當，還要用手洗六個孩子加上公公、阿嬤的衣服，手腳必須很伶俐。阿嬤比較嚴格、比較威嚴，不過習慣就好了。不然怎麼辦，小孩子要顧、工作要做，沒有時間胡思亂想，從來沒有想過他會不會出去交女朋友。

後來搬到烏日街上，家事做完，有空就到樓下診所幫忙包藥。當時陳醫師分早上、下午和晚上三個看診時段，有時一天看兩百多個患者，我們請四個小姐，提供她們吃住，我也要煮飯給她們吃。其中一個小姐鬧脾氣，就說不想做了，陳醫師跟我說：「要煮好一點的給人家吃。」其實我們家人吃得菜色，跟那些小姐吃的都一樣，沒有比較好。

陳醫師性子比較急，患者比較多時就會發脾氣，有時就念我，「要靠自己，要自己去學打針，不然要靠誰。」他這句「要靠自己」提醒了我。我這個人很有志氣，每樣工作都想學。我很認真，一直學打針，打了兩次就成功了，對自己就有了信心。

他做什麼我就學什麼，患者有外傷也要學著換藥、拉線、拆線；有一次，他要幫患者縫傷口，拿一支夾子固定後，勾一勾線像穿針一樣繞過去，線轉過來夾起來時，我協助拉後面的線。他說：「垂直！垂直！」我傻傻的，真的聽不懂「垂直」是什麼意思；他就急了。現在回想，覺得很好笑。

我公公受傷的時候，陳醫師沒有打麻醉藥，直接縫傷口。幫病患挖凍甲（甲溝炎）也沒有打麻醉，還對人家說：「你這個傷口在這裏，麻醉就要打這裏，乾脆縫一縫就好了，不用打麻醉藥。大家無可奈何只能接受。

我切菜頭（蘿蔔）不小心受傷，血流不止，很痛，他也是直接縫，叫到街坊鄰居都聽到，也不敢怪他沒打麻藥。我常常被他罵，他什麼都可以念，叫我不可以擦指甲油，我要做那麼多事，怎麼可能擦指甲油。

在家裏只有做事，不曾拿過筆，還好小孩子自己會讀書。他們真的很乖，從頭到尾都沒有學壞，也沒有去做壞事。除了拿藥、包藥，需要做什麼我就學什麼，現在連電腦掛號我也學會了。

我不會英文，記得辦護照時，要在上面簽名，我不會寫。我剛開始學包藥時，看不懂英文，但是他寫英文的那個形（樣子），看久了我也就會了。有一次，我請兒子來幫忙撿藥，他說：「這個只有你看得懂，別人看不懂。」我也不知道為什麼看得懂，可能是看習慣了。

拿藥要很小心，萬一病人吃了怎麼樣，還得了，所以要很細心。我慢慢學，很認真學，不懂英文就用比對的，看久了就會了，況且瓶子上面都有藥名。那時候真的很厲害，我學到後來會寫英文藥名。有人問我爸爸：「歐吉桑，你女兒怎麼那麼厲害，我看她也沒讀什麼書，什麼都會。」

我爸回答他：「戲館邊的豬母，袂歕簫嘛會拍拍。」

想到爸爸，他過世很多年了。他很疼我，看我在忙也會來幫忙。爸爸只有小學畢業，但是他會幫忙掛號，很會找病歷，六十五歲退休後一直在診所幫忙到七十幾歲，九十歲往生。

陳醫師人很好，他還讓一個男護士去讀夜間部，照樣發薪水給他。他很鼓勵人家讀書，很喜歡人家去讀書。

陳醫師很孝順，對病患非常好，但是剛開業時很凶，很不客氣，不過他真的是希望病患好。有一次遇到一個病患，很有趣，他說：「陳醫師，你給我開好一點的藥，錢沒關係。」陳醫師很生氣，最討厭聽到這句話，很凶地說：「我不是那麼愛錢的人，我覺得有必要才會用藥。」

他不是很重視錢，一聽到有人以為錢無所不能就不太舒服，做志工都在做了，哪會計較那些錢。剛開始，病人以為免自費的藥就不好，其實不管對方是窮或富有，他一律給最好的藥，不會因為自費就給比較特別的藥。左右鄰居或老人家身體有狀況，都指定給陳醫師看，看到陳醫師好像病就好多了。

這一生能嫁給他，我沒有後悔。他對每個小孩要求都很高。我很感恩每個小孩都很好，很有成就，有三個住在美國，工作很穩定。這些孩子是來報恩的，我很滿意、很高興，高興到晚上睡覺也會笑。也許這也應證了「天公疼憨人」，進入慈濟後，我更相信以前的種種都是對自己修行的磨練，就覺得寬心多了。

附錄二

話說爸爸

醫病醫心 父親是楷模——陳榮祥（大兒子）

走入慈濟，父親得以將他熱愛的醫學，藉由各種義診，奉獻給處於苦難邊緣的大眾，成就他的大醫王使命。又因為父親的成長背景、奮鬥過程能達勵志作用，承蒙慈濟師兄、師姊的力薦著書，傳承後進，應可起到啟蒙與鼓舞，有為者亦若是的功效。

談到父親，總也想起他幕後的推手——母親，對家裏的付出和貢獻。因為家庭環境的關係，父親小學畢業後中輟六年，打工賺錢貼補家用。但是他念茲在茲於繼續求學，忙裏偷閒擠出時間不斷精進，由初中夜間補校到省立臺中一中，一路走來備嘗艱辛。

父親二十二歲結婚，而後生下了我。我出生後到小學三年級期間，正是父親在醫學院忙碌學習的階段，相對的和父親相處的時間很有限，因此對父親的印象不深。不過，母親擔任了嚴父慈母的角色，總會述說很多關於父親的事給我們這些小孩子聽。

比如他好學不倦，即使家境不寬裕，也有強力無比的求知欲，事親至孝。尤其對疼愛他的祖母，也就是我們的曾祖母，更是照護得無微不至。曾祖母得了心臟病，早年農村社會就醫不易，請醫師往診的費用昂貴，這啟發了父親日後苦讀，下定決心從醫的因素之一。

母親在鄉下侍奉祖母及父母極為柔順殷勤，也因為對我在兒童生長期間，沒有父親陪伴在旁而不捨，總為我塑造父親的真實形象。因此在我腦海中，父親始終沒有缺席，而且是我日後學習的楷模。

與父親相處，讓我印象最深的一些事，至今仍歷歷在目，回想起來真希望時間能停佇在當年的歲月裏。

小學三年級那一年，最高興的是和大妹參加老爸的醫學院畢業旅行，目的地是溪頭。因為從小很少出遠門，當時家裏來了好多爸爸的同學，之後我們展開暑假的旅行，印象最深的是拿到了一個西式蛋糕的餐食，這對於鄉下長大的我而言，真的是難忘的奢侈品。

每次看到那一張年代久遠的照片，照片中老爸牽著我和大妹的手，老媽總會不捨地掉淚。因為我那雙瘦巴巴的雙腿，總讓她很不捨。

在我小學四年級時，老爸突然心血來潮，想帶我去拜訪老師。對我這個內向又靦腆的小男孩而言，是多麼難為情。在半推半就下，我被老爸用機車載去南屯，拜見小學四年級的劉老師。這個老師雖然嚴格，卻是不可多得的好老師。他的教學熱誠及鼓勵，讓我了解原來學習知識能夠帶來成就感，也因此慢慢補齊小學一年級至三年級的學習空白。

謝謝老爸，也許您忘了此事，但是，有時候大人的一個小關注，在小孩的成長過程中，可能種下一生決定性的影響力。

父親對學習知識總是鍥而不捨地追求。接受教育能讓人脫貧，不只是他個人深刻的體會，也是他始終努力的目標。幾年前，他組織幾位志同道合的慈濟人，共同設立獎學金，資助一些學生度過一時的困難，就是最好的典範。

父親在我初中二年級時，捨棄臺北主治醫師的職務，回故鄉為鄉親服務。他在北部馬偕醫院期間，接受全科的主治醫師訓練，診斷治療精確，病人口耳相傳，很多外縣市的病患慕名而來求診。父母胼手胝足的辛勞，歷歷在目，我也總會在課餘閒暇時幫忙。有時從他們對病人的細微照顧，噓寒問暖中得到潛移默化的影響。

父親一生秉持行醫助人的理念，總是耳提面命我們要做良醫，甚至年事已高還在醫學領域不斷精進，以更綜合有效的醫術治療病人，確屬難能可貴。

每一代都有不一樣的時空背景，父親那一代是屬於物資較缺乏的年代，吃苦也較多，總是有創業的壓力在。一般為人父的都會將自己武裝得很堅強，長期的精神緊繃，造就了嚴肅不妥協的個性，甚且自我要求要堅守分際，有時也不經意地讓人感到緊張。

我一直覺得自己不夠好，無法達到父親的期待與要求。看到父親對孩子或孫子輩的憂慮，實在很不捨。有時候想委婉地告訴老爸：「您這輩子為我們做的真的很多了，如果再為我們憂慮，那為人子女的我們，會覺得很不孝。真的希望看到您和老媽好好享受生活，不要再為我們煩惱而費神。您平時的教誨，我會謹記在心，吃虧就是占便宜，手心向下是助人，手心向上是求人，寧願做一個手心向下的人。」

凡此種種，我會不厭其煩地告訴孩子們，他們的阿公是一個了不起的人，自律甚嚴，嚴以律己、寬以待人，所以能廣結善緣，認識很多真誠相待的好朋友，諸如婦產科、小兒科醫師好友，都曾經幫助我們，這都是因為老爸的真誠待人。

父親教會我的事——陳淑珠（大女兒）

「毋通食菸（不要抽菸）！」伸手拿走咳嗽患者手中的香菸，並翻書向對方解釋病程發展和抽菸的壞處；「恁媽媽跌倒，按呢洗空喙，卡緊好！（您媽媽跌倒，這樣清洗傷口，會好得比較快！）」蹲了一、兩個小時，教病患家屬如何幫老人家護理傷口，這是我當醫師的父親。

只要有時間，他就學習新知來幫助病人。年近七十時，還極力精研耳穴、放血和增生療法，減輕了不少病患身體的的病痛，甚至有人因此痊癒了。這是父親平時常教我的，「要吸收新知識，要視病猶親。」

「猶未食飯，留落來食飯（還未吃飯，留下來吃飯）！」來家裏的親戚朋友，常會遇到我這位好客的父親這樣說。真誠待人，與人結善緣，也是父親教會我的事。

「去叫恁阿嬤、阿叔們來食飯」、「送客人下樓」，這是從小父親對我的教導。他對阿祖、阿公、阿嬤的照顧不遺餘力，與叔叔們兄友弟恭，這是我父親教會我的事。

電視機傳來證嚴法師的開示，是每天必須攝取的資糧，這是我聞法修行的父親；加入慈濟人醫會義診，每每都可看到他的喜悅。

一九六四年，父親考上臺北醫學院醫學系，負笈北上，直到我上國中才回鄉服務至今。在這期間，他獨自一人在臺北，家中的大小事務全由母親一人擔起。返鄉服務至今，母親更是展現了如神力女超人般的能力，一人可抵數人用，我們子女無人能及。

父親還對我們說，要讀書，最好是有執照的那種，習得一技之長才能改善家裏的經濟，還能照顧、幫助別人。此外，對家庭盡本分有責任感，夫妻同心，彼此相互扶持尊重，這是我父母親教會我的。

「這冊真好，挈去看（這書很好，拿去看）」、「這慈濟的節目真好看，愛看（要看）」「這……」每當有好的書、節目，他就急著和我們分享，這是我的父親教會我的，不管對子女或是孫子，他始終如此。

平日裏，父親常和我們說要廣結善緣，與人為善，口說好話，「福從做中得歡喜，慧從善解得自在」、「教富濟貧，濟貧教富」、「做個手心向下的人」、「付出無所求」等，我們耳濡目染到父親的身教言教，他永遠是我們學習的圭臬。

傳統的父執輩不善於表達自己，作為子女的我們都看在眼裏，點滴都深受影響，如同「父母是孩子的鏡子，孩子是父母的影子」一般。我也常對我的孩子們說，「今日我們所擁有的都是阿公、阿嬤努力奮鬥來的，要心存感恩！」

醫德人品深植子女心——陳淑雅（二女兒）

在父親回家鄉開業之前，我對他的印象不多。當時母親身兼父職，照顧曾祖母、阿公和阿嬤以及我們五兄妹，雖然環境不優渥，我們童年的記憶，還是很令人回味。

父親念完醫學院，先在臺北行醫一段時間後，決定回到烏日開業，我們也從鄉下的四合院，搬到烏日街上的三層樓房。其實這間樓房的設計並不怎麼好，卻是我童年最多回憶的地方。每次上下樓，我最喜歡從樓梯間的小窗戶往下看，看父親為病人看診的背影，這對我是一種安慰；那扇窗也決定我是否有機會可以偷溜出去。

父親工作繁忙，每天看診的時間很長，不過他還是會利用晚間閱讀醫學書籍，吸收新知，造福病人。我們從小耳濡目染，學習父親好學的態度，都能主動用功念書，並具有榮譽心，因此父母親也不太需要為我們的學業擔心。

父親的日常生活很嚴謹，也不常笑，可能是身為老大的關係，身負重任。為人正直的父親常說，「害人之心不可有」，他一生相信，「凡事唯有努力才會成功」，所以立志當醫師救人，重視醫德，應病施藥，絕不為了博取利益而讓患者付不必要的醫藥費，這個信念一直堅持至今。

他常對病患說，小感冒不需要吃抗生素，多喝水休息，身體自然會有免疫力，病就會好。後來我當上藥師也常勸病人，不需要時就不要吃藥，飲食正常、多喝水，身體養好，自體免疫力強就會恢復健康，都是無形當中受父親「應病而醫」的影響。

父親對阿公、阿嬤和家人非常照顧，尤其在阿公、阿嬤晚年時，不遺餘力地照顧。我們兄妹成家後，各自有了家庭，父親將他的愛轉移到另一半身上，每天為她準備齊全的維他命、保肝、保眼等保健食品。即使我們已年近半百，每次回國探親，父親還是會為我們準備保健品。在他眼裏，我們永遠是長不大的小孩。

父親是個相當傳統的大男人，責任心很重，但不太會表達內心的感受。他對我們的愛都以行動表達，即使一週看診七天，沒有個人休息時間，也要確保子女受到最好的教育，盡自己最大能力提供機會，送我們出國進修。我在美國能有好的工作、美滿的家庭，都是出自於父親的栽培和疼愛。

我有自己的事業、有小孩之後，才真正了解父親的苦心。在美國養一個小孩，給予他們穩定的生活環境和受高等教育，是很不容易的。我可以體會當初父親要培養五個小孩，是多麼的艱難。

現在為人母的我，終於了解當年父親為我們想得多深、多遠。當我聽到同事還有積欠學貸，而我完全沒有這個煩惱，能夠比他們早一步專注於自己的事業和家庭，都要感謝父親在我們小時候的用心良苦。

父親是白手起家，以前窮苦的日子，是一段心酸歲月，但也因此讓我們幾個孩子懂得生活簡約、不浪費，也學會謙卑。

我的父親是個「巨人」，而且是一個「沈默的巨人」。令人敬佩的是，他從未停止過助人、愛人的心，直到今天，他仍然是一位對病人有愛心、耐心的好醫師，對家人也一樣。

當父親年齡漸大，工作時間漸減時，有機會參加慈濟，擴大愛心，上山下海去救災助人，還將他所學的針灸、耳針、穴道指壓，應用在醫病上，減少患者的病痛，他的精神真的令人感動與佩服。除了敬佩，他其實啟發了我們，應該對這世間有所回饋。

因為我深居美國，時差的關係，我們沒有辦法常說話，但我常常回顧，常常自我反思。我尊敬、我佩服、我愛我的父親，除此之外，更要感謝我的母親。美國有句說法：「每一個成功男人的背後，都有一個堅強的女人！」我母親正是。

重教育 男女平等——陳淑兒（三女兒）

在我六歲前、記憶尚未清晰時，爸爸是偶爾出現在相片中、抱著我的人物，對他的印象幾乎是零。一直到我讀小學，爸爸辭去馬偕醫院的職位，返鄉開診所，我對他的形象才愈來愈清晰。

從有記憶以來，我沒看過爸爸聽音樂或唱歌，一直到他參加慈濟大家庭，才有機會聽他哼哼唱唱。但我要說的是，就是這樣一個沒什麼音樂背景的人，是我音樂的啟蒙者。

故事是這樣的——

小時候在鄉下長大的我們，是沒有玩具的。我們不是在田野玩耍就是用天然資源玩家家酒。一直到五、六歲左右，爸爸買了一臺小小的，有幾個黑白鍵的木製鋼琴。可能這是第一個花錢買來的玩具，我至今還能清楚記得它的花色和樣子。就這個小木琴，開啟了我對音樂叮叮咚咚的興趣。

上小學一年級，我有幸成為家中第一個學琴的孩子。雖然後來沒能在音樂上有什麼造詣，但是我能看懂五線譜，唱歌不會走調，對音樂有敏感度，就是因為爸爸讓我有學琴的機會。

所謂的遺憾，就是一個人可能因為外在的因素或個人的選擇，而不得不放棄自己的理想。有一天，爸爸和我聊起他這輩子的理想，是待在大城市成為一個名醫，以他的醫術和待人處事，我相信他是可以達成的。但由於家庭因素，爸爸放棄在北部的機會，選擇就近能照顧到長輩和子女的家鄉執業。

倘若如何如何，而我們會怎樣怎樣，這都是假設的偽命題。就看看真實發生的一面，我們因為爸爸放棄了他的夢想，而成就了家庭的圓融，讓阿祖，阿公、阿嬤能安享天年，真的要感謝爸爸是位不注重功利主義、有道義擔當的人。

在我讀三專的最後一年，和幾個好同學聊起了畢業後的計畫，我當時已知畢業後會到美國繼續讀書，其中一個同學的回答讓我印象深刻。她說她也想出國念書，但家人無法支持她，因為爸爸要把錢留給弟弟出國深造，他們認為女孩子沒必要讀到那麼高的學位。

當時我想，爸爸那一代的人，肯定都有重男輕女的觀念，但很慶幸爸爸不是這樣的人。他是以誰有「能力」念到多高的學位，而不是以「性別」來決定我們的未來。

爸爸常說，留給我們最好的東西就是教育，就是「授人以魚不如授人以漁」的概念。受教育能幫助我們有健全的思想、獨立的思考，也能成為謀職、經濟獨立的助力。這也是他現在回饋母校，成立獎學金的原因，因為他要投資教育。

成長的過程中，爸爸從沒檢查過我們的成績單；對他而言，成績並不是最重要的。我們最常被耳提面命，聽到耳朵長繭的一句話就是「做人的道理」，對他而言，這才是最重要的。小時候的我們，哪知道這句話有什麼重量和含意，只覺得太常聽到了，還會嫌煩。

直到成長後，和同學、朋友相處；出社會後，和同僚共事，才了解這句話的分量有多重。沒錯，懂得做人的道理才能處事圓融，才能和他人建立良好的人際關係。後來我在職場的升遷，除了個人能力之外，也重視如何和同事相處，這是在實踐做人的道理。

在美國職場上，人們常說，找工作不是因為你懂多少，而是你認識哪些人。試想，不只認識，也要和認識的人維持良好的人際關係。我現在已為人母，也常和小孩提起阿爸的至理名言，提醒他們出門在外，待人處事，言行舉止，代表的即是家庭教育。

由此可見，父母和家庭的價值觀，對晚輩的教育有多重要，因為那會影響世世代代的子子孫孫。

時光匆匆飛逝，我們也已經歷了養兒方知父母恩的階段，我得承認，畢竟我們這一代是享福的，所以當父母的我們，肯定不像父親、母親那一輩人，給小孩那麼多付出和犧牲。

我們能做的，就是鼓勵小孩重視教育，也把阿爸、阿母傳給我們的無形資產繼續傳承下去。爸媽辛苦了一輩子，只替別人著想，不管我們年紀多大，還是當小孩一樣地對待，擔心著。我想和爸媽說，到了這年紀，該是放心依賴我們的時候，希望您們去做自己想做的事，過想過的生活。

良醫勝於家財萬貫——李永磐（慈濟人醫會醫師、明道小兒科診所院長）

李永磐是陳文德的女婿，一位很優秀的小兒科醫師。李醫師忠厚老實又孝順，優質的品性，讓陳文德歡喜在心。女兒的幸福是做父母最關心的大事，所以極力促成這一樁婚姻大事。李醫師的診所也命名為「明道」小兒科診所，因岳父的因緣加入慈濟人醫會，是證嚴法師座下受證的弟子。

岳父、岳母已經八十幾歲高齡了，我們每個星期日幾乎都會去探望他們，陪他們用餐、話家常。

二〇一一年，我跟著岳父去義診。他拿報名表給我，鼓勵我加入人醫會、受證慈誠，但我覺得參加與否不是挺重要的，重點是我有去義診、服務病患就可以了。星期日放假，只要有空我會去參加，能夠做到的就盡量去做。

有一次去南庄義診，途中在車子裏，紀邦杰醫師拿一張報名表給我填，「就順手寫一寫吧！」我真的順手填了。

人醫會的醫護人員都很親切、很好相處，我覺得參加慈濟多學點，也是好的，真正踏進來才會想了解上人的法，所以先從志工做起，再參加慈誠培訓，二〇一三年受證。

岳父還沒受證慈誠前已積極參加義診。我對岳父的印象是典範和身教。一九八九年跟妻子結婚後，岳父給我的感覺至今一直沒變。父母或長輩，是要去學習他們的言行，做為晚輩的，不是回去看看就好，要觀察入微，觀察他在做什麼。像我岳父，我始終很注意他的言行及待人。

岳父為患者看診時，是一個一個仔細地看。有時看一個可能花半個小時，雖然很花時間，為的是什麼？是要付出我們的心，趕快為病患診斷出病癥，對症下藥，是我們身為醫師的，應該做的本分事。我們從醫者，就是要學習慈悲心。

看到岳父年紀這麼大了，不論在自己診所或是去義診，心都一樣的善，一樣的有耐心，認真地付出。他都這麼做了，我們也應該跟著學、跟著做，這也算是服務呀！

付出是讓別人能幸福的事，我們自己也會很高興。既然加入了慈濟，就應該學習證嚴上人慈悲喜捨的精神，把法真正實踐出來。上人說過，來慈濟聽法不只是將法放在心裏，還要運用在日常生活中。人生無常，一下子就過了，若一直追求錢財利祿，又有什麼意義呢？

有一句話：「人在天堂，錢在銀行，子女在公堂。」其實兒孫自有兒孫福。若兒孫勝過我，他自己會賺，我一直追求錢有什麼用？假使兒孫不如我，這些錢更無意義。要讓他養尊處優嗎？要養他一輩子嗎？所以只要有飯吃，有屋住，就是幸福了。

岳父常常告訴我們：「要當一位好醫師，有醫德、醫術，不怕沒患者，不會餓死的。」這是至理名言，也是岳父的智慧。所以他希望我們家中的成員加入慈濟做慈濟，都能參加人醫會，還說這是證嚴上人的期待。我也祝福全家族成員都能投入人醫會、成為慈濟人。

良醫阿公

林映辰（外孫女，就讀馬偕醫學院三年級）

外公是參天大樹，在歲月的洗禮下，生長出茂密的樹冠，為萌芽的樹苗遮風蔽雨。

小時候，我常常會蹲在外公家的樓梯間，透過小窗戶一窺外公為病人看診的景象。無論男女老幼，外公總是耐心地詢問病人的身體狀況和生活情形，然後用聽診器和觸診的方式進行生理檢查。為了進行更準確的診斷，並安撫病人及家屬焦慮的心情，外公經常因為堅持詳細看完每個病人，而延長門診時間。

閒暇之時，外公常常在房間裏讀書。兒時的我，偶爾會乘外公不注意的時候，偷偷翻開書桌上的書本，發現字裏行間充滿著外公用藍色原子筆寫下的筆記，密密麻麻。受到外公的影響，我上學之後，也養成了做筆記的習慣，將習得的知識充分吸收之後進行整合，使我在課業上能穩紮穩打地前進。

外公常叮嚀我，將來長大一定要樂於助人，我總是似懂非懂地點點頭。等我比較懂事後才發現，原來，外公當初的提醒已經深植於我心中。

從國中開始，我參加了很多志工活動，像是圖書館、醫院、義診和國際志工。在志願服務過程中，我發覺醫療服務最能夠直接有效地幫助他人，因此，我下定決心追隨外公的腳步，成為一名醫師。

人的一生必須經歷生、老、病、死，我希望能夠透過醫療上的幫助，減輕他人的病痛，將關懷散播出去。很幸運的，經過努力學習之後，我如願地錄取了醫學系。外公聽到消息後非常開心，但也慎重地告訴我，要好好地充實醫學知識，並且把握每一個學習的機會。因為唯有扎實學識和豐富經驗兼具的情況下，才有機會為病人做出最正確的診斷。

外公常常送我醫學相關的教科書，原以為這些是他過去學習時所留下來的，沒想到很多是他這幾年才買的、最新版本的書，而且上面還有他註解的痕跡。

外公即使已有數十年行醫經驗，仍毫不鬆懈地努力學習最新的診斷與治療方式；不僅如此，他也學習耳穴、針灸等中醫療法，虛心地向他人請教，也關注許多保健品的資訊，只為能夠帶給病人更多元化的治療，以達到最好的療效。

在基礎醫學課程中，我因為要學習的東西太多，沒有辦法好好的消化、吸收相關知識而發牢騷時，外公卻仍記得那些，總使我慚愧不已，進而督促自己不可以懈怠，要持續努力，跟上外公的腳步才行。

我現在（二〇二一年）就讀馬偕醫學系三年級，有為期一年的大體解剖課程。在準備追思會的過程中，我很佩服大體老師們遺愛人間的寬闊胸懷，播下種子，使醫學相關領域的人能夠實地學習。我將想法分享給媽媽後，她說：「外公很久以前就跟慈濟大學簽立大體捐贈同意書了。」

我由衷欽佩外公的勇敢決定。身為醫師的他，必定十分了解大體老師的情況，卻依然秉持著在他們身上劃錯千千萬萬刀，也不要劃錯病人一刀的無私精神，體現外公將自己奉獻給社會、幫助他人的目標。

從我出生到現在，外公始終不忘初衷地實踐對自己的期許。他不斷吸收醫學知識提升自己，熱於助人，庇蔭兒女和子孫。我雖然不能保證自己能做得像外公一樣好，卻仍將他視為人生楷模，追隨他的腳步，不求成為一位名醫，但期許自己成為一名良醫。

Sharon Chen（陳嫻倫，孫女）

My earliest memories of my grandpa were of two events: biking along a trail somewhere in Taichung surrounded by water and trees on both sides, and the second was of him taking us to a lake or a pond with many koi fish and other types of fish, buying my sister and I each a bag of fish food from a run-down machine so we can feed them.

Both involved the outdoors, specifically with nature, and both were free. Through these two events, I have concluded the type of person my grandpa was: one who strives not only to bring his grandchildren into nature, immersing in the beauty of our surroundings and instilling within us a sense of awe and appreciation of the little things, but also to show us that the best things in life are free.

Coming from a lower socioeconomic background, my grandfather became a medical doctor, and many would consider this as a typical 'rags to riches' story. On the contrary, my grandfather never flaunted his wealth, instead he would flip his hands with his palms facing downwards, always giving to people less fortunate than he was, providing medical care pro-bono for those unable to receive good healthcare otherwise, and even creating scholarships for kids that are unable to afford any type of schooling and education.

The older I get, the more I understand that his focus and emphasis on education stems from a background of fighting so hard to get the education that he got. We take it for granted because it was within our reach, whereas for him, it wasn't easy.

I remember whenever I visited Taiwan, if he wasn't working or spending time with us, he was studying or volunteering. Once in a while, if you are lucky, you might catch him offering to take you and your Canadian friend visiting on a motorcycle ride to walk in the countryside during sunset.

I always wanted to pursue a career in healthcare, due to his influence and what I've seen over the years. It wasn't always a straight line – I loitered a bit and traveled the world and did different things, but in the end, I still made it to become an acupuncturist and herbalist – to heal and provide care to those that lack access to fundamental healthcare.

His passion for healing has inspired not only me, but almost everyone in the family and others he's met along the way in life. His passion is contagious, and I hope he inspires everyone that he has encountered and will encounter in the years to come.

Even now at the age of 83, he is working as a medical doctor at his own clinic, volunteering and providing medical care to those that cannot afford it and sharing books with all his years of knowledge. I strive to become even half the man he is because I am so proud to be his grandchild.

If he ever does get to read this, I would just like him to know to continue what he is doing, to inspire, but also, Grandpa, can you please add exercise into your schedule? I guess the stairs of your four-story house daily are enough and multiple times a day at that, but please add some strength-training exercises so you have a body as strong as your mind and soul.

有兩件關於阿公的事，一直縈繞在我的腦海中。

一件是阿公騎自行車帶我到臺中一處有著小橋流水、兩旁有綠樹如蔭的自行車道兜風；另一件事是，阿公陪我和妹妹到一處公園玩，園內有一個蓄養很多魚的池塘，他從自動販賣機買了兩包魚飼料，讓我和妹妹餵給覓食的魚兒。

這兩種戶外活動讓我接觸大自然的熏陶，盡情享受無價的天然寶藏，也由這兩件事，我感受到阿公不僅希望孫子女能夠多接觸大自然，浸潤在身邊周圍美好的事物，同時灌輸我們對微不足道的小事，都要心存敬畏和感恩，最重要的是，提醒我在自然環境中，感受生活的美好是幸福且無價的，只要你用心去做或感受每一件事。

阿公的出生背景和社經地位並非完美，但是他最後成為一個讓人尊敬的醫師，很多人可能認為這是典型的「白手起家」的故事；相反的，一個人的成功背後，總隱藏著很多的勵志和堅強的意志力。

即使經濟情況漸入佳境，阿公也不炫耀。他總是教誨我們後輩，有能力就要手心向下幫助別人，甚至提供免費醫療給一些窮苦無依的病人；還有，在他就讀過的母校設立獎學金，鼓勵清寒學生。

當我年紀愈大，愈能了解到他所強調的教育和學習，的確能改變人的一生。對我而言，受教育是那麼理所當然、唾手可得，但是對阿公那個年代來說，卻是得之不易啊！

每當我回臺灣，總是看到阿公在工作之餘，研讀各種醫學專刊或從事義診。有時候如果幸運的話，剛好他又有空，就像有一次他和二叔公騎著摩托車，載我和來自加拿大的朋友到鄉間小路看夕陽。

我想追求醫療方面的職業，也是受阿公的影響，以及多年的觀察後，雖然有感那過程有點曲折。但在我經過幾年的遊歷，到過幾個不同國家，嘗試過不同的工作像英文教師、家教等，最終還是選擇就讀中醫學校。如今，我已是一個針灸中醫師。阿公對醫療工作的熱情不只啟發了我，還有家裏其他成員，甚至在他執業過程中遇到的其他人。

即使阿公已經八十三歲了，仍然樂於在他的診所行醫，參加慈濟的義診活動，和整理醫學知識分享給病人或同好。

阿公，我以當您的孫女為榮，也希望透過自己的努力，能達到您一半的好。希望您繼續做您所願，啟發影響別人為善。但是阿公，也請您把運動加入您的日常作息。雖然您每天多次在家裏的樓梯上下運動已經足夠，但請您多增加一些肌肉訓練運動，如此一來您的身體才能和您的意志力一樣強健。

Juliann Wang（王秀齊，外孫女）

My grandpa is a huge reason I am pursuing a career in medicine, but I didn’t always know that. Like many of my cousins, I spent a lot of time peering through the staircase window, watching as my grandpa treated patients mornings and nights. As a child, I didn’t really think anything of it. I simply thought that it was fun to secretly spy on him as he treated patients. But as I grew older and now that I reflect on my time observing him, I realize that his work is what inspired me to initially start pursuing medicine.

My grandpa was always so excited about what he did. He shared about his experiences with patients, his future travels to aid underserved communities, and his love for his career. His words and stories are what ensured me that being a doctor would be one of absolute fulfillment. With decades of experience, he refuses to let his age slow him down. While he could easily step away and retire, he knows that there is too much he needs to do for his community and his patients. That is the truest testament to his dedication. Despite being in his 80s, he is as dedicated to his profession as he was when he first began.

My grandpa’s frugality has always been a big part of his character. In being wise with his money since a very young age, he has been able to save up and financially support so many relatives and individuals that are less fortunate. He has also lived a vegetarian lifestyle and his efforts to conserve water and resources further exemplifies his desire to contribute to the world around him.

His selflessness is displayed in so many of his actions, and being able to witness his love, care, and respect for the world and it's people has truly been a blessing.

一直思索著自己追求醫學專業的驅動力，是阿公扮演著對我潛移默化的影響而不自知，如同我幾個兄妹也是如此。

每次回臺灣拜訪阿公、阿嬤，總是好奇地花時間在阿公診療室旁的通風小窗，窺視著阿公診治病人的過程，對於當時小小年紀的我，是一個難忘的樂趣。當然這些事也慢慢成為我學醫的心芽。

阿公總是情緒激昂、侃侃而談他治療病人和到偏鄉義診的經驗。他熱愛他的工作，而且由他的話語中，可以看出他對於醫學追求的全心投入及得到的成就感。即使行醫四十幾個年頭，也不因年齡因素而停下腳步，如常的作息行醫或義診，奉獻自己。如今已八十多歲高齡，仍然保有初發心，是最難能可貴的。

節儉也是阿公個性的一大特色。從年輕時，他就透過閱讀吸收理財知識，發揮理財的潛能，因此能夠全力撫養五個孩子而且接受很好教育，甚至還要照顧年邁的父母，也就是我的阿祖。

自從加入慈濟後，阿公完全素食而且慎用水資源、參與義診等利益人群的事。凡此種種，可以見證他對這個社會的愛心，對地球的尊敬和造福人群，阿公真的是我們家族的典範。

李志陽（外孫）

阿公影響我最深的，是他面對病人時竭盡所能地想要幫助他們，並且細心的態度。每當有病人來向阿公求助，他都會熱絡地走出來問候他們，然後輕輕地握著他們的手，帶他們進入診間。先是寒暄一陣子，了解病人的近況，然後慢慢地切入主題，詢問他們到底是身體哪裏不舒服？有什麼症狀？一步一步地分析，並且用最基本、一般民眾能夠理解的說法，解釋給患者聽。

另外一點是，阿公出身於貧困，所以更能理解那些來自清寒或低收入家庭的情況，不收他們一毛錢，還給予最好的醫療服務，並且教導他們如何照顧自己的身體。

他也在母校設立了清寒獎學金，敦促那些跟他一樣生於貧困家庭的莘莘學子努力向上，有朝一日能成為幫助社會的人士。

更值得敬佩的是，阿公今年（二〇二一）八十三歲了，仍然努力不懈。除了每天一大早從大愛電視臺播放的節目中聞法精進，還學習各種能幫助病人改善生活的中、西醫學知識、耳穴等。

阿公常常說，醫德跟醫術必須兼備，才能成為一位好醫師。空有一身醫術，但不為病人的家庭現況或生活品質著想，沒有視病人如同親人的態度，不能稱之為好醫師。唯有盡心盡力替病人著想，對待他們像對待家人，追根究柢並且細心、親手以最基本的觸診了解病人的情況，才能稱之為「良醫」。

在我眼中，阿公就是一位一直充實自己，讓自己能夠幫助更多人的醫師，是大家心目中的良醫。

Ethan Chan（**陳易陞，外孫**）

It is difficult for me to describe my relationship with my 阿公. Out of his nine grandchildren, I believe I am most distant from him. Being born and raised in the United States, my chances to spend time with him have been limited. Throughout my life, I can count the number of visits to him on my two hands. An additional obstacle between us is the language barrier; I can hardly speak Mandarin, and he has very limited English skills. There are approximately 6,700 miles between California and Taiwan.

When I see him, I envision a gulf separating us. Sometimes it's as wide as the geographical distance between my home and his. Other times, it is only the space between our shoulders when we sit next to each other.

Despite this, I have never doubted his care for me. And as I have grown older, I recognize more and more the pieces of him that have been passed down to me. The parts of him that have become the parts of me.

First, there is the value of education. Whenever I visit, he always makes sure to extol the virtues and importance of getting a quality education. To be a learned person is a pathway to a better life. I might not have always been paying attention when I was younger (as I was too busy playing video games and watching TV) but ultimately the lesson soaked into my mind.

I can recall fond memories where 阿公 would drag me around the house showing me his collection of medical books and instruments, books on the human body and anatomy, a model of an ear showing all the different pressure points, etc. He would give me lectures on the things he had read in his books, passing on his knowledge on healthy habits and activities. I didn't always understand his English through his accent, but he always made an effort to teach me. On reflection I see this interaction as a demonstration of the efforts that 阿公 took to instill his wisdom on to me.

Next, there is the virtue of hard work and dedication. Being raised in a rural environment and rising to the achievement of being a doctor, 阿公 is a demonstration of the value of perseverance. 阿公has dedicated his life to those most important in his life: His family and his patients. I have seen how much he has done in his life to ensure the betterment and success of his children and, by extension, his grandchildren.

Through his tireless efforts, alongside my grandmother's, he has helped build a strong foundation for which the rest of our family has flourished. And when it comes to his patients, I have seen the dedication and precision that he puts into his care. He spends quality time with those that come into his clinic, ensuring that they receive the help they need. I remember the countless times I have returned to Wu Ri and seen him working with a patient, peaking through the little window in the stairwell.

Finally, there is the importance of being a good and kind person, someone who empathizes with the less fortunate and provides them with support. Whenever I have seen him, he beams with pride when talking about the positive impact that he has made through his time with Tzu Chi.

He speaks with great passion about the organization's values and the humanitarian services they have provided to others. I remember the last time I visited (2019) we sat down and talked about the importance of helping others and being a charitable person, speaking with great passion in his voice. I hope to channel this passion in my life as well.

One of my earliest and fondest memories I have with 阿公 are when I was a young boy. It was maybe my second time visiting Taiwan, so I must have been no older than 7 years old. One night, 阿公 asked me if I wanted to ride with him on his motorbike. I remember being afraid at first; I thought that I would fall off going so fast! But he reassured me that I would be okay.

That reassurance must have been enough, because the next thing I know, I was sitting behind him, clinging to his back for dear life. I was still scared, but I remember smiling as we drove through the streets. The air was brisk, but I felt his warmth as I pressed against his back, my little hands holding onto his jacket. I knew that he wouldn't let me fall off. I knew that I was safe.

During the process of writing this excerpt, I have been able to greater reflect on my relationship with my grandfather. I see now that despite the distance between us, there is much more that ties us together.

There are core parts of me that are products of his teachings, his work, and his passion. While we may live far apart, he will always remain close as I carry his lessons with me. And I will cling tightly onto the parts of him that have become parts of me, like the young boy that clung onto him while riding through the streets of Wu Ri one summer night.

很難描述我和阿公的關係。在阿公的九個孫子女中，我相信我和阿公的關係距離最遠；因為我生養在美國，和阿公相處的時間自然很有限。至今為止，回臺灣探訪阿公的次數屈指可數。

在我們之間似乎存在著語言的隔閡，我認識的中文不多，他的英文也有限。美國加州與臺灣，由著太平洋隔出彼此居住的家，相距約六千七百英里。地理位置如此的遙遠，但是科技的進步縮短彼此的距離，透過視訊就如同我們倆並肩而坐。

即使相隔兩端，我從未懷疑過阿公對我的關愛之情。及長，我更意識到身上擁有他傳承給我的特質，成為我們生命中彼此的共通。

首先說到教育的價值，無論何時探訪阿公，他總是推崇良好教育質量的重要性，強調學習是通往優質生活之徑。

我年輕時只專注於電玩和電視秀，總是不太在意他這些話，現在對於阿公的想法才漸漸了然於心。一些記憶浮現腦海，當時阿公踱步屋內的書櫃，給我看有關他的醫學書籍及醫療器械的收藏，以及他後來自學的耳穴及針灸穴道模型道具。

由於他的英文口音，雖然我不是百分百的了解，但他總是努力地教我，不厭其煩地面授醫療及一些保健知識，似乎要傾其所學灌輸給我。

其次談到工作的熱誠，阿公生長於鄉下，透過他自己的努力成為一位醫師，展現的是阿公對目標的堅持，對家庭和病人更是不遺餘力地奉獻。也因為他的影響力和身教，讓他的孩子或孫子得到很好的成就。透過他和阿嬤不懈地努力，建立一個穩固而欣欣向榮的家風。

當我在臺灣時，總是看到他對病人的細心照顧及正確的診斷。此外，他還強調慈悲待人，是他加入慈濟後始終力行的原則。在他言談之間總透露出對人事物的熱情和憐憫之心，我也希望能將他這些理念融入我的生命特質中。

當我還是一個小男孩時，應該是在我七歲左右，我第二次拜訪臺灣的阿公，有著對阿公最早和最難忘的回憶。阿公問我想和他騎摩托車去兜風嗎？起初我很怕會從摩托車上跌下來，經過阿公再三的保證，雖然心裏仍然很害怕，還是坐上他的背後，用我那小得可以的雙手緊抱住他。風吹得又急又冷，卻能感覺到阿公身上的溫暖和熱情，我知道這是最安全而不會捧下的最佳保證。

提筆寫下這篇短文的同時，已足以反映出我和阿公的關係：距離雖遙遠，但是血脈親情、關懷及相同的人格特質，緊緊地連結著我們。我的精神核心有著阿公的工作熱誠和慈悲心。有形的距離隔離彼此，但是我總是心存著阿公的教誨。

我會加緊腳步將阿公的精神融入我的生命，如同當年那個小男孩，滿懷信任地緊緊抱住阿公，騎著摩托車行駛於烏日的大街小巷。

Samantha Wang（王秀睿，外孫女）

An incredibly random start to this excerpt, but as I write this reflection piece about my grandpa, I immediately recall a recent conversation I had with friends that led me to think about him. It sounds silly, but the conversation was on the topic of milk. In that moment, I remembered a conversation I had with my grandpa a few years ago. I remember we were sitting in living room and he was explaining the benefits of being vegetarian and the negative effects of consuming animal products. The statement that stood out the most was his comment about cow's milk and how consuming it could be harmful to our bodies.

At the time, I shrugged off the comment thinking, "how can this be true when we have been drinking milk daily and have been taught all about its health benefits?" As I discussed the topic with my friends, I laughed at how naïve I was and thought about how my grandpa was years ahead of current trends. It was just one of many lessons he taught me. The most vivid image I see when I think of my grandpa is of him sitting in the living room during the early mornings and late nights either reading a book, listening to his pocket radio, or watching sermons on TV.

He is constantly educating himself about health, the environment, world, etc. during his free time. He passes his knowledge along during our conversations. Although I used to think of them more as lectures than lessons, I realize the intention behind them growing up. It is one of the ways my grandpa expresses his love and compassion for others.

Aside from my relationship with my grandpa, I think about his preservation and dedication to becoming a doctor. My mother, aunts, and uncle often share stories about their childhood and upbringing. My grandpa and grandma both worked tirelessly to provide them with a home, food, and clothing, to name a few. This led my grandparents to a minimalistic and sustainable lifestyle. To this day, my grandparents continue to support the family and take every opportunity to help within the community.

In addition to supporting the family, my grandpa dedicates his efforts toward treating and caring for his patients and community. He has traveled outside of the country to serve individuals in need of resources and healthcare. My grandpa managed to juggle his time between his family, work, and participating in local events. Since I was a child, it was apparent that my grandpa was constantly busy. But, he always set aside time to spend time with our family, from tea time to birthdays. During every visit, he takes pictures of the family with his handy little Canon camera (which he probably still owns, but maybe just a newer model). And yes, it's very old-schooled, but the pictures are developed and eventually the copies are shared amongst the family. Each picture captures cherished moments we store in album books and reminisce about.

To sum it up, it is difficult to encompass and transcribe just how much of an impact and impression my grandpa has made for our family, his patients and community. But, it is evident that we all appreciate greatly. Thank you grandpa.

在一個不經意的隨興之下，寫了這篇關於阿公的文章，是在最近和朋友談論關於牛奶的議題所引發的靈感，聽起來似乎有點愚蠢吧！

在那一刻，我想起了多年前和阿公的談話。那時阿公和我坐在客廳，他向我說明素食的優點和葷食的缺點。自他的陳述中，突顯出喝牛奶和奶製品對身體造成有害的影響。在當時，我對他的論述只是聳聳肩，不以為然，因為在我所知的觀念裏，牛奶的攝取是有益健康的。

當我和朋友討論這個議題時，我笑自己的幼稚，並覺得阿公的想法已經超前好幾年了；這只是他教會我的其中之一。

當我想到阿公時，腦海總是浮現出一幅生動的畫面——阿公坐在客廳，在他的閒暇之餘，不管早晚，他總是讀書、又聽著收音機或看大愛臺節目聽證嚴法師的開示。他常常利用時間自我再教育、吸收新知，無論是有關健康、醫學、環保，甚至國際新聞，在我們的談話中，他會傳遞新知讓我們知道。

雖然我覺得他是在說教不是在教育，但是我理解他是因為成長背景的關係，是他對晚輩表達愛和關懷的方式。

除此之外，阿公總是致力於成為一名良醫。媽媽、阿姨、舅舅也常常分享他們兒時成長的種種故事，阿公和阿嬤勤奮工作，提供給孩子一個食、衣、住、行無缺的溫暖的家，而他們卻依舊過著最儉樸和最簡單的生活。至今，他們繼續支撐、凝聚這個家，甚至盡己所能地幫助社區的人。阿公盡力照顧病人，也曾參加海外義診。他很會安排時間，家庭、工作或義診，兼顧得宜。

阿公雖然很忙，但當我們回臺灣時，他總會撥出時間和我們相處，總是用那個小小的Canon照相機，拍下全家福照片，再拿去照相館沖洗。雖有些老派，但每張照片捕捉到的珍貴畫面與回憶，總會在我們家族間流傳。

總之，很難概括和描述阿公對我們這個家、病人和社區引起的震撼和印象，但與他接觸過的人都很感恩因為有他。謝謝阿公，有您真好！

附錄四

阿伯的診所味

林嫻一

我們這一輩，約七年級生，初當媽媽時，要找婦產科醫師，大概是集體焦慮感較重，加上過多的媒體訊息，多嚮往醫師能與自己多聊聊，聊胎兒的發展，做更多全方位的檢查，或者說些體貼話來安撫自己。

我懷孕時，尋找婦產科醫師的時候，因緣際會下遇到了一位年紀較長的醫師。我記得他幫我第一次產檢時，只說明了胎兒的大小，再來便是交代下次產檢的時間，以及下次產檢如果胎兒有心跳就能領媽媽手冊。

我走出了診間，與先生討論著，這個醫師年紀長，話不多但沈穩，很適合我。由於我的個性較容易焦慮，資訊太多反而不知道怎麼過濾，唯有能夠一切放心交給醫師，需要時再聊，不需要時就安心讓胎兒長大。

醫病之間的「信任」這樣綿延了九個月，一天，孩子急著出來，醫師半夜趕到，一個小時後，孩子就平安地來到我們身邊。

我從小跟在阿嬤身邊，身體一旦有點不舒服，阿嬤便會說：「咱來找阿伯！」於是就會帶著我搭著公車，像郊遊般從臺中市區到了烏日。

踏入診所，撲鼻而來是一個很特殊的味道，小時候不確定那是消毒水的味道還是藥味，我稱作「診所味」，我恣意踮著腳尖報上自己的大名，熟練地遞上健保卡。對許多孩子來說，進入診所是所有恐怖經驗的集合，醫師看診，父母在旁恐嚇，打針、吃藥、抽鼻涕，但是，每次我進到阿伯診所聞到的這股「診所味」，卻讓我很安心，味道環繞著的，是阿伯對待病人總是起身親切的問候：「Cindy啊！來來來！喔！勾卡大漢啊喔！（又長大了一些喔！）」

通常我感冒都不嚴重，很少被打針，反而是阿伯檢查完，阿嬤安心了，我的病似乎就好了一半。接著，我會趴在伯母的藥櫃上看她包藥，再帶著輕鬆的心情回家。

阿嬤常說，「只有吃阿伯的藥，好得快。」每每我們感冒拖得久了點，也許剛好只是病毒接二連三，怪的也是凡只要找阿伯報到，病毒好像就不敢再多逗留。後期，阿伯的診所有其他醫師，但聽說老病人常回來指名阿伯的診，都說吃阿伯的藥才會好。

阿嬤說：「奇怪，藥櫃都同一個，攏愛甲恁阿伯開的藥仔才ㄟ好！」我相信許多老人家的病痛也許不那麼嚴重，有時到診所報到，看到熟悉的醫師面孔、聽到熟悉的醫師問候聲，再佐以敲敲拍拍的按摩，診間「啊啊啊！對對對！就是這裏疼！」的叫喊聲傾瀉完畢，阿伯再信心的喊話：「好啊啦！回去藥吃吃就好了！」病人走出診間的那一刻，彷彿病已經不藥而癒。

這樣的診所風景，是因為阿伯完全做到了「醫病先醫心」吧！

國家圖書館出版品預行編目（CIP）資料

草地仁醫陳文德／張麗雲作 — 初版
臺北市：經典雜誌，慈濟傳播人文志業基金會，2021.10
350 面；15×21 公分
ISBN 978-626-7037-11-9（平裝）
1. 陳文德 2. 醫師 3. 臺灣傳記
783.3886 110017050

傳家系列 002

草地仁醫陳文德

創 辦 者／釋證嚴
發 行 人／王端正
平面總監／王志宏

撰　　文／張麗雲
英 翻 中／陳榮祥
打字志工／林素玲
照片提供／陳文德
照片翻拍／施龍文
主　　編／陳玫君
責任編輯／邱淑絹
執行編輯／涂慶鐘
美術指導／邱宇陞
美術設計／黃昭寧
出 版 者／經典雜誌
慈濟傳播人文志業基金會
112019 臺北市北投區立德路 2 號
編輯部電話／ 02-28989000 分機 2065
客服專線／ 02-28989991
客服傳真／ 02-28989993
劃撥帳號／ 19924552　　戶名／經典雜誌
印　　製／新豪華製版印刷股份有限公司
出版日期／ 2021 年 10 月初版一刷
定　　價／新臺幣 250 元

TZUCHI

TZUCHI